LES
CÉLÉBRITÉS
DE LA RUE

IMPRIMERIE PARISIENNE, DUPRAY DE LA MAHÉRIE
Boulevart Bonne-Nouvelle, 26 (impasse des Filles-Dieu, 5).

CHARLES YRIARTE

PARIS GROTESQUE

LES

CÉLÉBRITÉS

DE LA RUE

PARIS (1815 A 1863)

ILLUSTRATIONS PAR MM. L'HERNAULT, LIX, DE MONTAULT ET YRIARTE

> Franchement, ce n'est pas réjouissant à voir
> Tous ces comédiens en uniforme noir,
> Si pareils, que pas un de l'autre ne diffère
> Et que le spectateur ne sait plus comment faire
> Pour distinguer l'acteur tragique du bouffon ;
> Par grâce ! un peu de pourpre, une loque, un chiffon
> N'importe quoi: lilas, violet, vert ou rose,
> Pour que notre œil au moins, une heure, se repose
> De ces habits taillés dans un sac de charbon !
>
> ALBERT GLATIGNY.
> (L'Ombre de Callot)

PARIS

LIBRAIRIE PARISIENNE

DUPRAY DE LA MAHÉRIE, ÉDITEUR

5, RUE DE LA PAIX, 5.

1864

AU GÉNÉRAL ROS DE OLANO

MARQUIS DE GUAD-EL-GELU

Vous lirez ce livre, essentiellement parisien, que je vous dédie, mon cher général, et si vous ajoutez cette somme de travail au labeur incessant du journalisme, qui revient périodiquement et fatalement, vous comprendrez pourquoi je ne vais pas retrouver à Madrid, ma seconde patrie, *l'ami loyal et le coursier généreux* qui m'y attendent depuis trop longtemps.

Votre ami dévoué,

CHARLES YRIARTE.

Paris, ce 12 novembre 1865.

LES CÉLÉBRITÉS DE LA RUE

La rue n'existe qu'à Paris, c'est là que se révèlent les Enfants Sans-Souci, la Bazoche et le Prince des Sots; c'est là que Pierre Gringoire acquiert sa célébrité, que Pont-Alais, Jean de Serres, chanté par Marot, et Jacques Mernable, chanté par Ronsard, s'illustrent en amusant la foule.

Gauthier-Garguille, *Gros-Guillaume* et *Turlupin*, *Gaulois de bonne race, sont des célébrités de la rue, et les farceurs Jodelet, Guillot-Gorju, Bruscambille et l'illustre Tabarin, qui ne sont rien moins que les précurseurs de Molière et de Corneille, sont aussi vagabonds que les premiers.*

Les nouveaux héros que je présente au lecteur n'ont pas une mission si haute, ils n'ont rien d'épique et s'étonnent eux-mêmes d'être de l'histoire; mais ils passent sur la place publique comme les autres y ont passé avant eux, et, dans ce défilé bariolé, je vois quelques types de bon aloi.

Je n'ai pas d'excuses à faire au public pour avoir feuilleté nombre de livres et compulsé des Mémoires et des journaux oubliés pour aboutir à peindre un marchand d'orviétan ou un maniaque célèbre. Un des plus grands maîtres français me donne l'exemple, et c'est encore peindre la société de son temps que de

LES CÉLÉBRITÉS DE LA RUE

s'attacher aux infiniment petits. Je laisse François à de plus dignes, et j'étudie Triboulet. C'est encore de l'histoire.

> *Or, bref, quand il entrait en salle*
> *Avec une chemise sale,*
> *Le front, la joue et la narine*
> *Toute couverte de farine,*
> *Et coeffé d'un béguin d'enfant,*
> *Et d'un haut bonnet triomphant,*
> *Garni de plumes de chapons ;*
> *Avec tout cela, je réponds*
> *Qu'en voyant sa mine niaise,*
> *On n'était pas moins gay ni aise*
> *Qu'on est aux Champs-Elysiens.*

Voilà le portrait d'une célébrité de la rue, Jacques Mernable, tracé par Ronsard, qui donne au grotesque son brevet d'immortalité. Il ne faut pas interrompre la chaîne, et si humble que soit la main qui rattache les chaînons, il faut pardonner la tentative en faveur de l'idée.

*Gouriet a écrit l'*Histoire des personnages célèbres dans les rues de Paris, depuis une haute antiquité jusqu'à nos jours ; *son œuvre, très-curieuse et qui venait trop tôt, à une époque où on voulait de l'épique à tout prix, n'a pas eu le succès qu'elle méritait. Je rends ici hommage à son auteur, toujours plagié et rarement mentionné, et je prétends faire suite à son travail. Mes études commencent donc où s'arrêtent les siennes. Si j'ai repris quelques portraits qu'il a tracés avant moi, c'est que j'avais de nouveaux documents à y ajouter, et qu'il était curieux de voir le côté plastique, qui manque complétement dans l'œuvre de Gouriet.*

Demain, il serait trop tard pour écrire un pareil livre : les ingénieurs sont venus, la cour des Miracles est expropriée pour cause d'utilité publique.

Adieu la gaieté de nos places, adieu les vêtements bariolés, les chansons étranges, les dentistes en plein air, les musiciens ambulants, les philosophes, les bâtonnistes, les maniaques, les visionnaires, les vielleuses, les bouquetières. Je vous jure, messieurs les édiles, que Paris s'ennuie; il a la nostalgie du pittoresque.

Je remercie publiquement M. Champfleury, qui m'a permis de puiser dans sa curieuse collection de dessins, et auquel j'ai fait de nombreux emprunts pour la partie littéraire.

M. Édouard Fournier m'a indiqué les sources où je devais puiser et m'a épargné de longues recherches. J'ai consulté avec fruit MM. de Goncourt, dont les tendances me sont extrêmement sympathiques. Je dois tout entier à ce prodigieux causeur qui s'appelle Méry, la notice sur le Persan. Le Paris inconnu, *de Privat d'Anglemont, et* Ce qu'on voit dans les rues de Paris, *de M. Victor Fournel, m'ont guidé dans la partie contemporaine. L'Hernault, Lix et M. de Montaut ont interprété avec un rare talent mes croquis faits en plein vent et à l'insu des modèles.*

CHARLES YRIARTE.

FANCHON LA VIELLEUSE

D'après le recueil : Maniaques et Visionnaires (Cabinet des Estampes).

FANCHON LA VIELLEUSE

anchon a traversé les âges, elle est devenue légendaire et a prêté son nom à toutes les jolies filles qui, lui empruntant encore et sa vielle et son mouchoir coquet, ont animé les promenades de Paris sous le régent, sous la

première république, sous le Directoire, l'Empire et la Restauration.

Fanchon est morte! Vive Fanchon! Elle est le rire et la gaieté d'une génération; nos pères se sont habitués à ses folles chansons et à l'aigre mélodie de sa vielle; et lorsqu'elle va où va toute chose, vite on invente une autre vielleuse, moins accorte peut-être, moins bonne fille à coup sûr, débitant avec moins de malice le couplet grivois, et portant avec moins d'élégance la basquine ornée d'une dentelle en surjet, mais qui, tant bien que mal, remplace celle qui n'est plus, comme Isabelle, la bouquetière, tient aujourd'hui l'éventaire de la Margot du XVIIIe siècle.

La vraie Fanchon, celle dont se préoccupent les mémoires du temps et que les burins reproduisent, dont l'apparition est constatée par Dulaure et Bachaumont, celle qui figure dans la jolie gravure de Saint-Aubin : *les Remparts de Paris*, l'alerte jeune fille qui donne son nom à la gracieuse façon de porter le mouchoir noué sous le menton, qui module la plaintive romance :

FANCHON LA VIELLEUSE

Aux montagnes de la Savoie,
Je naquis de pauvres parents.....

débute dans la carrière en chantant aux barrières de Paris; elle fréquente les cabarets et fait danser le peuple et les courtauds de boutique. Le dimanche, on la trouve aux remparts; elle va de table en table et fait la ronde en tendant la main; des remparts, elle descend aux boulevards; au boulevard, elle monte aux Maisons d'Or de l'époque, et, de là, reconduite par le premier financier venu, dans un élégant vis-à-vis, elle échoue dans un boudoir capitonné et sa vertu passe de vie à trépas sur un *bonheur du jour*. C'est, me direz-vous, l'histoire de toutes les gotons du XVIIIe siècle. Mais attendez la fin. Vous croyez que Fanchon devient un peu marquise et oublie sa vielle; loin de là, et c'est ce qui fait d'elle un type; elle se frotte aux élégants, il n'y a plus de bonne fête sans elle; mais sa chanson est de la partie. Au lieu d'une robe de bure, elle porte des étoffes Pompadour, elle coud un Chantilly à sa basquine; elle remplace, par un large ruban de soie bleue (ce même ruban qu'un historien du temps

assure être un cordon du Saint-Esprit, donné à
la fin d'un souper par un prince en goguette)
la bride de cuir qui retient sa vielle, et la voilà
devenue vielleuse de Wateau, et digne de figurer dans les *fêtes galantes*.

La grande mode, après un souper fin, est de
faire monter Fanchon et de lui demander des
couplets, et quels couplets ! Nous voilà bien
loin de la Savoie et de l'innocence de la fille
des montagnes. La jeune Fanchon ne se fait
pas prier, elle trempe ses lèvres dans le cham-
pagne et entonne gaiement. Elle devient indispensable : *Nous aurons Fanchon*, se disait
à cette époque, comme *nous aurons Lambert*,
sous le règne illustre de la perruque.

Geoffroy, critique morose, mais qui classe
une diva, parle de Fanchon dans son feuilleton
du 13 pluviôse an XI :

« Fanchon joue de la vielle aux boulevards;
elle sait, à la fin d'un repas, animer la joie des
convives par des chansons gaillardes; et, ce qu'il
y a de plus lucratif dans son art, elle va montrer la marmotte en ville. En un mot, c'est une

artiste, ses petits talents deviennent à la mode ;
l'or et l'argent lui pleuvent de tous côtés. Elle
achète une terre considérable dans la Savoie,
et à Paris, un hôtel superbe qu'elle fait meubler
magnifiquement ; elle y vit avec des officiers
et des abbés, toujours la plus vertueuse fille du
monde, et, ce qui n'est pas moins extraordinaire, toujours vielleuse. »

Voyez-vous l'ironique abbé, qui sait bien à
quoi s'en tenir sur la vertu de Fanchon qui a
sombré depuis longtemps! Quoi qu'il en soit,
la vielleuse thésaurisait et pouvait, quand elle
le voudrait, renoncer à ses chansons; il fallut
qu'un amant de haute volée achetât sa charge
de vielleuse; elle se fit payer cher sa retraite ;
le prix qu'elle y mit fut un petit hôtel dans le
faubourg de Charonne.

On ne parle plus guère de Fanchon dans les
mémoires ou journaux du temps à partir du
moment où elle renonça à sa vielle. C'était une
gracieuse chanteuse des rues, elle devint une
triste courtisane, et je suis sûr qu'elle fut vingt
fois tentée de dire à son Mondor :

> Rendez-moi mes chansons et mon somme,
> Et reprenez vos cent écus.

Tout bien considéré, non; si Fanchon est fille à redemander ses chansons, elle est avant tout fille à garder les écus du financier : et la voilà peinte d'un trait.

LA BELLE MADELEINE

D'après le recueil : Maniaques et Visionnaires, cabinet des Estampes.

LA BELLE MADELEINE

e vrai pays inexploré, celui où la curiosité du voyageur trouve toujours un aliment, où le flâneur a devant lui des perspectives infinies, est encore ce Paris que nous habitons tous sans le connaître. Les types y abondent, nous

les coudoyons à chaque pas, les remarquant à peine ; ils naissent, ils meurent, et nous ne nous rappelons plus qu'un chant bizarre ou un vêtement bariolé qui venait parfois frapper nos oreilles ou nos yeux.

En écoutant les récits des vieillards, je me prends à regretter la *Belle Madeleine*. Je la vois à l'entrée des Tuileries, adossée à la grille, son éventaire devant elle ; sa jupe relevée, sa croix d'or sur sa poitrine coquettement décolletée, coiffée de son bonnet de paysanne. C'était l'heure où on revenait des remparts, il était de bon ton d'entrer aux Tuileries, et Madeleine, offrant à la foule ses gâteaux de Nanterre, qui jouissaient alors d'une vogue qu'ils ont perdu depuis, chantait de sa voix aigre :

> La Belle Madeleine,
> Elle vend des gâteaux,
> Elle vend des gâteaux,
> La Belle Madeleine,
> Elle vend des gâteaux
> Qui sont tout chauds.

Ma conscience d'historien me force à déclarer que la Belle Madeleine était laide, fort laide même, elle spéculait sur le costume qui, sans être bien prononcé comme forme ni comme couleur (il rappelait celui des paysannes d'opéra-comique), attirait les yeux de la foule. La jupe était courte, et les vieillards qui ont connu Madeleine, assurent que la jambe était maigre.

Le siècle était encore bon enfant, et la garde qui veille aux barrières du Louvre n'arrêtait pas comme vagabonds les types parisiens ; on permettait donc à la marchande d'offrir ses gâteaux à tout carrosse venant.

Tous les deux jours, Madeleine retournait à Nanterre, à pied, elle faisait sa provision de gâteaux et revenait à la grille ; plus tard, elle installa son four ambulant dans une arrière-boutique de la rue d'Argenteuil, cela ne l'empêchait pas de crier : *Gâteaux de Nanterre!*

Il se trouva un spéculateur qui voulut exploiter la célébrité de Madeleine et lui proposa d'ouvrir un *bastringue* aux Champs-Élysées. Une affiche du temps annonce que : « Les jolies demoiselles trouveront une compagnie brillante et choisie, des gâteaux toujours frais, du vin toujours vieux, et, en outre, des cabinets particuliers pour les amis de la décence. »

Il est probable que Madeleine craignit de lâcher la proie pour l'ombre, car je ne trouve pas trace de son établissement. Elle a dû mourir vers 1825. En consultant les vaudevilles du temps et les petits journaux, on retrouve souvent des allusions à la *Belle Madeleine*. Son portrait est assez commun ; le Cabinet des estampes en possède plusieurs, et, vers 1810, époque de sa plus grande vogue, presque tous les peintres en miniature du palais du Tribunat l'avaient représentée dans ces cadres d'échantillons qui leur servaient d'enseigne.

L'histoire se fait vite légende, et j'ai souvent entendu citer Madeleine comme un type gracieux. La Belle Madeleine n'était, je le répète, rien moins que jolie ; le portrait que j'ai eu sous les yeux, malgré les efforts d'un miniaturiste voué par état aux roses et aux lis, était celui d'une paysanne déjà vieille, à la peau hâlée et tannée. Ce portrait figurait encore sous la Restauration dans les cadres des peintres qui habitaient les galeries du Palais-Royal. La Belle

Madeleine n'a conservé son joli nom qu'à cause de sa chanson, qui lui a survécu; elle figure dans quelques-unes de ces pièces de théâtre où on passait en revue les personnages à la mode.

Madeleine n'est pas un type bien caractérisé, quoique nos pères en aient conservé fidèlement le souvenir; mais sous la Restauration, les types de la rue sont rares, et comme tel elle méritait la place que je lui donne ici.

Gouriet enregistre le nom de la Belle Madeleine, mais il ne lui consacre que quelques lignes, qui ne nous apprennent sur elle rien de bien caractéristique; les nouveaux détails que je donne ici sont empruntés à Dumersan et aux vaudevillistes du temps; le portrait est tiré du volume du Cabinet des estampes, *Maniaques et Visionnaires*, qui m'a été d'un grand secours pour la partie historique de ces études frivoles.

LA CHANTEUSE VOILÉE

D'après le recueil : Maniaques et Visionnaires, cabinet des Estampes

LA CHANTEUSE VOILÉE

ELLE qu'on désigna sous ce nom fut célèbre même à côté de la Belle Madeleine, dont elle était la contemporaine; on l'a vue depuis 1805 jusqu'à 1815 venir s'adosser chaque soir contre le portail de Saint-Germain-l'Auxerrois. Elle

avait vingt-cinq ans à cette époque : élégante de taille et d'une mise soignée ; sa voix était douce et sympathique, elle chantait avec succès les romances de Blangini et plaisait aux âmes tendres.

Couverte d'un long voile qui, descendant jusqu'à la ceinture, cachait entièrement ses traits, elle excita vivement la curiosité publique, qu'exaspère l'incognito et qui brûle de pénétrer tout mystère. Les lions du temps tentèrent de soulever le voile, mais ces siéges n'effrayaient pas l'anonyme, qui connaissait les instincts de la foule et persistait à garder ses allures mystérieuses. Si elle s'humanisa en faveur de quelques élégants indiscrets qui détruisirent un peu le charme, en proclamant la laideur de la chanteuse voilée, elle n'en conservait pas moins son prestige sur la foule, qui contribuait à son succès en inventant des légendes dont elle était l'héroïne.

Les versions étaient nombreuses, elles se transformaient parfois ; et quand elle eut adopté une romance qui eut un certain succès, un de ces romans invraisemblables qui commencent en ballon et finissent chez les Karakalpaks, on ne douta plus qu'enlevée par des *pêcheurs de corail de l'Adriatique (!)* on ne l'eût vendue au sultan qui, un beau soir, lui avait jeté la fine baptiste.

La romance de la Chanteuse voilée a trop la couleur du temps pour que je me refuse le plaisir de la citer tout entière aux lecteurs. La voici dans sa naïveté vieillote :

>Conseiller est chose facile;
>On dit : « Gardez bien votre honneur. »
>Hélas ! écoutez quel malheur
>Poursuivait la pauvre Lucile.....
>
>Oh ! venez... ouvrez-lui vos cœurs,
>A cette jeune infortunée,
>Qui pour l'innocence était née,
>Et toujours versa tant de pleurs.
>
>A peine au sortir de l'enfance,
>Je fuyais les vœux d'un barbon ;
>Voilà qu'il m'enlève en ballon,
>Avec lui, seule et sans défense...
>
>Oh! venez... ouvrez-lui vos cœurs,
>A cette jeune infortunée,
>Qui, vers les astres entraînée,
>Dans les airs versa tant de pleurs.

J'arrive en un lointain rivage;
Un pâtre est mon libérateur.....
Survient un peuple destructeur,
Et Lucile est dans l'esclavage.

Oh! venez... ouvrez-lui vos cœurs,
A cette jeune infortunée,
Qui, dans un cachot enchaînée,
Sous terre versa tant de pleurs.

J'avais su braver la colère
D'un sombre et farouche tyran ;
Mais le jeune fils du sultan
Avait encor su mieux me plaire.....

Oh ! venez... ouvez-lui vos cœurs,
A cette jeune infortunée,
Dont la cruelle destinée
Fut partout de verser des pleurs.

Le dirai-je, hélas ! j'étais mère !
Nous voulons fuir, on nous surprend;
Un supplice affreux nous attend,
Tout est sourd à notre prière.....

Oh ! venez... ouvrez-lui vos cœurs,
A cette jeune infortunée,
Qui pour l'innocence était née,
Et toujours versa tant de pleurs.

Cette romance peint mieux que je ne saurais
l e faire le geste et le costume de la Chanteuse

voilée. C'est une époque qui revit par son côté burlesque.

On doit constater qu'à la même époque on organisa un succès en faveur d'une autre chanteuse *non voilée,* qu'on nommait ainsi par opposition à notre héroïne. La chanson favorite de cette dernière était : *Gusman ne connaît plus d'obstacles.* — Elle se tenait dans le quartier du Louvre et portait un enfant suspendu à son sein.

CLAUDINE

D'après le recueil : Maniaques et Visionnaires, cabinet des Estampes.

CLAUDINE

> Encore un quarteron, Claudine !
> Encore un quarteron.

LAUDINE vivait de 1800 à 1820, et quand elle vint à Paris, elle avait déjà passé l'âge des amours. Elle vendait des fruits selon la saison et les portait d'une main sur un petit plateau, tenant sa jupe de l'autre et toujours prête à la danse.

On la vit pendant plus de dix années accompagnée d'un petit homme, vêtu comme un campagnard endimanché et d'une irréprochable propreté. La vieille Claudine était de la Beauce (je ne puis retrouver le nom de son village), et son compagnon, ancien maître d'école, était son mari ou tout au moins son galant. Un renseignement auquel on peut ajouter foi nous montre Claudine fuyant avec le magister du lieu et venant à Paris pour échapper à la colère de ses parents. Le magister ne serait autre que le petit vieux sinistre qui se tenait à côté d'elle dans les rues et sur les places.

Elle se mit à vendre des fruits, et comme la pratique ne donnait pas, elle attira l'attention par un refrain devenu célèbre :

> Encore un quarteron, Claudine !
> Encore un quarteron.

Elle le chantait en dansant la sauteuse sur une mesure très-vive et en tenant sa jupe d'une main, son plateau de l'autre, et appuyant avec un mouvement de tête sur le : En...core un quarteron.

Claudine est indiquée dans l'ouvrage de Gouriet, mais, malgré le peu d'étendue que lui consacre l'historien des célébrités de la rue, on doit croire qu'elle fut célèbre, car l'authenticité de ce type est corroborée par une très-jolie eau-forte, qu'on peut voir au Cabinet des estampes dans le recueil intitulé : *Maniaques et Visionnaires*.

SOL-SI-RÉ-PIF-PAN

D'après Carle Vernet (Cabinet des Estampes)

SOLSIREPIFPAN

PREMIER HOMME ORCHESTRE

1810-1820

C'est imiter quelqu'un que de planter des choux.

Je suis sûr que l'homme-orchestre (1850-1855), dont on trouvera la biographie plus loin, se croyait un hardi novateur et un inventeur plein d'imagination ; quelle stupéfaction s'il eût vu le beau dessin de Carle Vernet, représentant le créateur du genre, celui qui, sous l'Empire, avait imaginé de charmer les promeneurs des Tuileries et des Champs-Élysées, en se transformant en orchestre ambulant, par une combinaison telle que chacun de ses mouvements correspondait à une percussion ou à un frottement.

Admirez d'abord le costume qui dit si bien l'époque : le casque est complice lui-même, malgré son air bon enfant, car son pompon est orné de petites sonnettes ; l'habit, dont le collet extravagant monte jusqu'aux oreilles, est couleur amadou ; le pantalon collant, à pont et orné de brandebourgs, est bleu clair.

Solsirépifpan, puisque c'est ainsi que l'appèlent ses contemporains, joue d'une flûte de Pan qui est à portée de ses lèvres et dissimulée sous les revers de son habit ; sa main droite taquine une guitare, tandis que l'avant-bras gauche, serré par une courroie à laquelle s'attache un tampon, frappe une grosse caisse suspendue dans le dos par une bandoulière passée de l'épaule droite au côté gauche ; une corde, passée au même bras gauche et suspendue aussi à l'extrémité de la mandoline, retient à la hauteur du genou un triangle frappé par un manche attaché au mollet droit ; au-dessus des malléoles, à l'endroit où s'attachent les pieds, sont fixées deux cymbales, de façon à pouvoir produire une percussion en rapprochant les genoux.

Cet ingénieux musicien tourmentait donc à lui seul six instruments, un de moins que le vieux soldat des Champs-Élysées ; il a eu le plus grand succès alors qu'il hantait les différentes promenades. Il ne se bornait pas à la partie instrumentale, il chantait et dominait de sa voix aiguë le bruit de son orchestre. Bénissons l'esprit de tradition qui nous a conservé les titres des morceaux avec lesquels il charmait la foule. Son premier air favori était la cavatine de *la Rosière : Ma barque légère portait mes filets* ; il avait aussi imaginé des vers innocents qu'il chantait sur l'air du mineur de l'andante d'*Armide :*

> Malgré notre misère ;
> Et navré de douleur,
> Nous bravons, pour vous plaire,
> La honte du malheur.

Ayez de l'indulgence,
Sensibles amateurs,
Avec peu de dépense
Soyez nos bienfaiteurs.

Gouriet, qui m'inspire la plus grande confiance parce que tous les renseignements que j'ai trouvés corroborent ses assertions, assure que Solsirépifpan n'était pas sans talent.

CHODRUC-DUCLOS

D'après la lithographie du cabinet des Estampes

CHODRUC-DUCLOS

L'HOMME A LA LONGUE BARBE

N sourira peut-être en me voyant essayer de dégager la véritable physionomie morale de mes héros, mais l'esprit de chacun d'eux m'importe plus que les faits plus ou moins pittoresques dont se compose leur existence ; et,

du reste, à l'égard de celui-ci, le doute est entré dans l'âme d'un grand littérateur, qui, après avoir connu Duclos, assure que sous ses haillons, devenus classiques, bat un cœur d'homme et de patriote, presque un cœur de héros.

D'autre part, alors que je recherchais patiemment une brochure, devenue rare aujourd'hui et publiée, en 1829, sous ce titre : *L'Homme à la longue barbe*, j'entrai chez le libraire D..., et lui fis part de l'objet de mes investigations ; il refusa, avec une énergie comique, de m'aider dans mes recherches : il ne voulait pas qu'on écrivît l'histoire d'un *va-nu-pieds peu intéressant, sur le compte duquel on s'est plus appitoyé qu'il le méritait réellement.*

Qui donc a raison de Charles Nodier ou du libraire D...?

Je réunirai les documents épars qui me servent à écrire la vie de l'*Homme à barbe*, et le lecteur jugera s'il est en face d'une nature entraînée par le courant de ses passions, et respectable dans sa chute par une certaine conviction, ou s'il n'a devant les yeux qu'un homme vicieux, vulgaire et peu soucieux de sa dignité.

Oublions pour un instant les haillons. Le caractère s'est-il avili, et cette dégradation physique est-elle en harmonie avec la dégradation morale?

Voici une pièce de l'authenticité de laquelle il n'est pas permis de douter, c'est le rapport du jugement du 31 décembre 1828, émanant de la sixième chambre, qui condamne Duclos à quinze jours de prison. Il est précieux en ce sens qu'il donne un historique succinct et fidèle de la vie de Chodruc-Duclos.

POLICE CORRECTIONNELLE DE PARIS
(Sixième chambre)

PRÉSIDENCE DE M. MESLIN

Audience du 30 décembre 1828.

Il y avait, il y a trente ans environ, à Bordeaux, un jeune homme issu d'une famille riche, mais non titrée, donnant le ton aux *fashionables* de l'époque, renommé par son adresse dans tous les exercices du corps. Personne ne maniait un cheval avec plus de grâce et ne donnait un coup d'épée avec plus de dextérité. Il n'était pas de joyeuse réunion, de partie d'honneur, dont il ne fût le coryphée ou l'arbitre. Tout ce que Bordeaux renfermait de jeunes gens à la mode, de riches fainéants, d'heureux désœuvrés, recherchait sa société et prenait sur lui modèle. Trente années se sont écoulées ; la Révolution a dispersé cet essaim d'étourdis. Plusieurs ont surnagé dans la foule ; il en est même qu'on a comptés parmi les hommes marquants de l'époque. Notre notabilité gasconne s'est retrouvée à Paris avec eux. Mais qui devinerait l'homme de salon, le petit-maître à grandes prétentions, le héros de la mode, dans cet homme à longue barbe et couvert à peine de mauvais haillons, qui promène chaque jour le luxe de sa misère dans les galeries brillantes du Palais-Royal ?

Chodruc-Duclos se fit remarquer par l'exaltation de ses opinions dans les réactions de l'an v. 1815 le retrouva avec ses souvenirs et des exigences qu'un ancien dévouement semblait en quelque sorte légitimer.

Chodruc-Duclos fit le voyage de Gand ; il y fut même investi de fonctions provisoires.

Lorsque le jour des récompenses fut arrivé, cet ardent serviteur éleva ses prétentions en raison de l'importance qu'il attachait à ses services. Une place de maréchal de camp fut l'*ultimatum* de son ambition. Le titre de l'emploi de capitaine de gendarmerie lui fut, dit-on, offert. Il refusa tout ; il refusa même, assure-t-on encore, un régiment. Ballotté longtemps entre ses espérances et des refus qui devenaient plus positifs à mesure que la date du dévouement devenait plus reculée, Chodruc-Duclos vint, il y a cinq ans environ, à Paris, solliciter en personne auprès d'un homme puissant. Il n'en obtint alors qu'une offre de 150 francs, qu'il repoussa avec dédain.

Dénué de tout, n'ayant que les habits qu'il portait sur lui, et qui étaient le produit d'une souscription ouverte à son profit par quelques-uns de ses compatriotes, il embrassa le genre de vie qu'on lui connaît. Il laissa pousser sa barbe, ne changea plus de vêtements, et chaque jour, depuis cinq années, on a pu le voir au Palais-Royal, se promenant seul, les mains derrière le dos, la tête haute, offrant un pénible contraste avec l'appareil du luxe déployé de toutes parts dans le grand bazar parisien.

Les bancs de la police correctionnelle le virent, il y a peu de temps, prévenu de vagabondage. On apprit alors avec étonnement qu'il possédait plusieurs propriétés en Gascogne, qu'il négligeait d'en percevoir les revenus, et qu'il ne vivait que d'aumônes déguisées sous le nom d'emprunts. Du reste, comme il justifiait d'un domicile fixe et habituel, il fut renvoyé de la plainte, et recommença son train de vie.

C'est dans ces circonstances qu'il a été arrêté de nouveau, et, cette fois, sous la double prévention de vagabondage et d'outrage public à la pudeur. Son arrestation, à l'époque où nous nous trouvons, semble en quelque sorte être une conséquence du soin que prend chaque année l'autorité de faire disparaître du Palais-Royal les filles de mauvaise vie qui encombrent ses galeries. Elle n'aura sans doute pas voulu, d'une part, que les yeux des honnêtes mères de famille fussent à chaque pas blessés par la vue d'effrontées courtisanes ; et, d'autre part, que Chodruc-Duclos apparût en véritable *Croquemitaine* aux yeux des enfants qu'on amène en ces lieux pour les faire jouir à l'avance de la vue des trésors dont le jour des étrennes leur fournira leur part.

Chodruc-Duclos s'est d'abord refusé à toute explication. Il a fait entendre, par signes, au commissaire de police, qu'il ne répondrait qu'à ses juges. Aujourd'hui, il s'est présenté, habillé comme il l'était lors de sa première prévention, sauf les ravages que le temps a faits depuis quelques mois aux lambeaux dont il était alors couvert.

Suit l'interrogatoire et l'audition des témoins; il résulte des débats contradictoires que Chodruc-Duclos n'est pas un vagabond, puisqu'il loge depuis cinq ans dans un hôtel de la rue Pierre-Lescot sans avoir découché une seule nuit. Qu'il ne mendie pas, qu'il emprunte, car il n'a pas perdu l'espoir de rendre les faibles sommes que lui avancent ses amis.

Reste l'inculpation d'outrage aux mœurs par suite de mise insuffisante du Diogène.

Sur ce chef d'accusation, le tribunal reconnaît la culpabilité de Chodruc; il l'accuse d'incurie et d'abandon, mais reconnaissant des circonstances atténuantes, il ne le condamne qu'à quinze jours d'emprisonnement.

On voit par cette citation, extraite de la *Gazette des Tribunaux* du temps, quel rôle jouait Chodruc-Duclos, la terreur qu'il inspirait aux femmes et aux enfants, et quelle conspiration les commerçants du Palais-Royal avaient ourdie contre le Diogène qui, disaient-ils, nuisait à leurs intérêts par sa seule présence.

Remontons à la naissance de Chodruc, et voyons par quel enchaînement de faits il était descendu à ce degré d'abjection.

Duclos est né en 1780, non pas à Bordeaux, comme l'ont écrit quelques biographes, mais à Sainte-Foy, près Bordeaux. Son père était notaire, son grand-père capitaine au long cours, et plus tard armateur. M. Duclos père vivait en mauvaise intelligence avec sa femme; son fils assista jeune encore à ces dissensions intestines, dont il garda le souvenir. Enfin, une séparation judiciaire, dont madame Duclos eut les bénéfices, lui confia l'éducation de son fils. Elle lui donna d'abord pour précepteur un curé, puis le priva, jeune encore, des conseils de l'ecclésiastique, et le gardant auprès d'elle, lui communiqua ses enthousiasmes royalistes et en fit un soldat tout prêt pour la cause de la légitimité.

Lyon n'avait pas voulu ratifier la proclamation de la République et accepter les ordres émanés du comité révolutionnaire de Paris; cette ville avait organisé la résistance et s'apprêtait à tenir tête aux troupes républicaines qui s'avançaient pour punir l'insolence des Lyonnais et les réduire. Duclos, enfermé à Bordeaux, sentait qu'à quelques lieues de lui on combattait pour la bonne cause; il quitta la ville, encouragé peut-être par sa mère, ardente royaliste, et se présenta au général Percy. Les républicains firent un siége régulier et s'emparèrent de la ville. Duclos, sous les yeux du général, fit des prodiges de valeur et parlait de faire sauter la ville; il fallut se rendre.

Les prisonniers étaient nombreux ; les couvents regorgeaient de monde, Duclos fut enfermé dans un corps de garde pour attendre le sort qu'on lui réservait. Il fut sauvé par une femme qui lui fournit un uniforme de capitaine des *Bleus*, il se mêla aux groupes républicains et s'enfuit.

Les Crânes. — Duclos amoureux.

Bordeaux s'était intéressé au sort du jeune homme qui était allé s'enrôler sous les drapeaux du général Percy. Ses actes de bravoure, son heureuse fuite firent de lui le héros du jour, et quand il revint dans sa ville natale, sa réputation l'y avait déjà précédé.

Duclos était riche par sa mère, il était d'une élégance achevée; ce joli garçon, entier dans ses opinions et prêt à tout leur sacrifier, plaisait singulièrement à tous. D'un tempérament impérieux et passionné, il se lança dans la vie élégante, eut chaque matin un duel et chaque soir une maîtresse; remplit Bordeaux de bruit et de scandale, et devint la terreur des jeunes républicains de la ville.

Il forma la société des *Crânes*, élégants sacripants prêts à tout oser et tout entreprendre; beaux joueurs, francs buveurs et duellistes fameux. Un historiographe anonyme et naïf nous apprend que Duclos dépensait 20,000 fr. par an chez son seul tailleur, qu'il changeait trois fois de linge par jour, et enfin, pour nous éblouir par un dernier luxe ultra-oriental, qu'il se servait de mouchoirs de Madras de 50 fr. en guise de crochets de bottes.

Le lecteur comprendra facilement qu'un raffiné comme Duclos, dont la beauté est restée célèbre, devait faire bien des victimes dans une ville comme Bordeaux. On ne nous ôtera pas cette illusion que les femmes y sont sensibles et belles, vous savez la chanson :

> C'est dans la ville de Bordeaux
> Qu'est arrivé trois beaux vaisseaux.
> . . . .

Un jour donc, le *Superbe* (c'est encore un nom qu'on donnait volontiers à Duclos) se promenait dans les couloirs du Grand-Théâtre, il entendit une altercation ; une porte de loge était ouverte ; il interrogea et apprit qu'une jeune femme et sa fille s'étant présentées avec leur coupon, à la porte d'une loge qu'elles avaient louée, l'avaient trouvé occupée par trois individus qui se refusaient brutalement à toute explication. Pour comble de malheur, les premiers occupants étaient des *frères* et *amis*, car ils avaient trouvé choquant que la dame les appelât *messieurs*, et non pas *citoyens*.

C'était une raison suffisante pour exaspérer Duclos ; il n'attendait que le moment propice pour faire acte de royalisme en prenant fait et cause pour le beau sexe. Du ton de la plaisanterie, les citoyens passent à celui de l'injure. Duclos entre, les somme de rendre la place, et voyant qu'on ne s'empresse pas d'évacuer la loge, fond sur l'un des individus, l'enlève à la pointe des bras et le balance au-dessus du parterre en criant : — *Qui est-ce qui a besoin d'un citoyen?*

Grand scandale! La loge tumultueuse est voisine de celle des autorités municipales, on donne l'ordre d'arrêter Duclos, qui s'esquive prudemment. On fait une enquête, la dame plaide en faveur de son vengeur, et excipe de son droit en montrant son coupon : l'affaire en reste là.

Mais madame T..., blonde et délicate, avait un faible pour les hercules du midi, cette force athlétique l'avait rendue rêveuse. Duclos était jeune, beau, riche, royaliste... et très-fort ; elle l'aima et vécut avec lui pendant dix ans. Dix années de bonheur, sans doute, puisque jusqu'au dernier jour de cette liaison, Duclos conserva sa force prodigieuse. Le *Superbe* était du reste très-fier de ses qualités physiques. Un jour, après avoir été blessé dans un duel, le docteur Raynal déclare qu'il faut le saigner et s'extasie sur la pureté de son sang et sa belle couleur ; il revient chez sa maîtresse le bras en écharpe, l'œil enflammé et le sourire aux lèvres. Celle-ci, pleine d'anxiété, tremblait pour sa vie. « Je ne donnerais pas ma blessure pour cinquante louis, dit Duclos, parce que Raynal m'a déclaré n'avoir jamais vu sang plus riche ni plus généreux. »

La vie de Duclos était consacrée tout entière à la politique et aux plaisirs ; il haïssait le gouvernement républicain et ne négligeait aucune occasion de prouver son mépris à ceux qui le représentaient ; les rapports s'amoncelaient chez le directeur de la police, et le nom de Duclos revenait fréquemment devant les yeux du citoyen ministre.

Une occasion se présenta enfin de donner aux Bourbons une preuve de dévouement, preuve que Duclos faillit acheter chèrement.

L'échafaud se dressait dans la ville pour l'exécution de deux jeunes hommes, victimes de leur zèle pour la cause royaliste. Duclos forme la résolution de les enlever. Les deux captifs étaient gardés à vue à l'Hôtel-Dieu de Bordeaux ; il fallait y pénétrer et connaître le mot d'ordre ; on invite à souper un officier du poste, on le fait boire, et toute la conversation roule sur la singularité des mots adoptés parfois comme passe. L'officier laisse tomber le mot *victoire,* Chodruc le ramasse et s'esquive. Madame Latapie, la directrice du Grand-Théâtre (il y a toujours une femme dans les conspirations de Duclos) prête des uniformes de gardes-nationaux, les soupeurs se retrouvent chez madame T..., échangent leurs habits contre ceux des miliciens et se présentent au poste de l'Hôtel-Dieu. La sentinelle jette son qui-vive, Duclos s'avance et répond : *victoire!* On pénètre jusqu'à la prison, les jeunes gens sont enlevés. Grande rumeur par toute la ville, on poursuit les conspirateurs qu'on rejoint à Saintes, quelques-uns étaient parvenus à s'échapper, mais MM. Lescaro et Duclos sont pris et mis aux fers.

Deux mois après, le célèbre avocat de Bordeaux, Ferrère, prêta aux deux royalistes l'appui de son éloquence, ils furent acquittés.

C'est à ce moment de la vie de Duclos qu'on voit apparaître un homme qui a eu sur lui la plus grande influence et qui, au dire du *Diogène*, fut la cause de tous ses maux : je veux parler de M. de Peyronnet, son ami d'enfance, son compagnon de plaisirs et d'incartades, qui fut plus tard, sous la Restauration, garde des sceaux et ministre de la justice.

Une insulte publique au maréchal Lannes, faite en plein théâtre par les jeunes royalistes, à la tête desquels se trouve Duclos, la résistance à main armée à la force publique, tels sont les faits qui amènent encore une fois le Superbe devant les autorités. M. de Peyronnet, compromis avec lui, occupait le même cachot. Mais cette fois, avant le jugement, tous les royalistes de Bordeaux se réunissent sous les fenêtres de Lannes, menaçants et prêts pour l'émeute. Le général faiblit et ordonne la mise en liberté.

Au moment où Duclos va jouir du repos, il est déjà inscrit au rôle pour une autre accusation. On voit qu'il ne se produisait pas une échauffourée dans la ville sans qu'on lui attribuât la conduite de l'affaire. Cette fois, il s'agissait de l'assassinat du maire de Toulouse ; le *Superbe* resta détenu pendant quatre mois, et prouva qu'au moment où se commettait l'assassinat, il dînait chez M. de Peyronnet.

Mais sa réputation allait croissant ; il avait tenté de s'évader et, placé entre deux gendarmes, il avait saisi le premier à la gorge, tandis qu'à l'aide de son dos et de ses reins, il écrasait l'autre contre le coffre de la voiture cellulaire, il ouvrait la portière, traversait une allée et allait se blottir sous les décombres d'une maison en démolition ; repris après des efforts inouïs et jugé comme assassin, on déclara solennellement son innocence.

Le consulat. — Fouché, ministre de la police. — Vendée.

Mais *déjà Napoléon perçait sous Bonaparte*, ce n'était plus la république, et ce n'était pas encore l'empire. Duclos portait au Consul la même haine qu'il avait vouée aux républicains, il persista dans ce système d'opposition effective, et le commandant de gendarmerie de Bordeaux eut l'ordre direct de ne point faire de quartier au *Superbe* et de le livrer au ministre de la police. Je passe sous silence les bravades extravagantes telles que celles-ci : paraître seul et armé aux Quinconces et se promener sous les yeux même de l'officier chargé de l'arrêter. Il fallut s'éloigner; il passa six mois au château de Montferrand, et de là partit pour Paris. Dès qu'on apprit sa présence dans la capitale, on donna l'ordre de l'écrouer à l'Abbaye; il fallait sortir de là, il demanda une audience à Fouché, qui achetait volontiers les hommes et croyait fermement que toute conscience était à vendre.

Duclos feignit d'accepter et promit de s'embarquer pour les Iles; un mois après il était en Vendée et se mettait à la tête d'un parti d'insurgés.

On sait comment les dissidents de l'ouest, Vendéens et Bretons, furent soumis ou plutôt sacrifiés ; le général Hédouville délivra un passe-port à chacun d'eux, mais les amnistiés devaient se rendre deux fois par mois à la préfecture et exhiber leur permis de séjour. Duclos ne voulut point se conformer à cette mesure et fut déporté à Vincennes.

Il fut transféré, à quelque temps de là, à Sainte-Pélagie, et c'est là que Charles Nodier l'a connu. Je rapporte ici les quelques lignes extraites des *Souvenirs de la Révolution*. On verra l'opinion que Nodier conçut de cet ardent royaliste.

« L'aristocratie de Sainte-Pélagie rappelait quelques beaux noms :
» M. de Custines, parent du malheureux général; M. de Fénélon, officier supérieur de Chouans, sous le nom de Télémaque ; M. de Beauvais, dit Chabrias, aide de camp de Georges; M. de Rességuières, aujourd'hui (1828) commandant d'une de nos colonies; M. de Navarre; M. D'Astorg ; M. D'Hozier, l'aîné, si soigneusement recherché, si compassé, si perpendiculaire, si fidèle à sa tenue d'étiquette, qu'on l'aurait toujours cru paré pour une présentation solennelle ou pour un gala de Versailles; M. Émile Duclos, de Bordeaux, dont M. D'Ho-

zier lui-même aurait peut-être eu quelque peine à illustrer la généalogie, mais qui se faisait remarquer entre nos patriciens les plus huppés par la majesté de sa tournure, par la politesse de son esprit, par la libéralité magnifique de sa dépense, par la dignité affable de ses manières.

» M. E. Duclos est cet infortuné dont la raison a cédé au plaisir de flétrir l'ingratitude par une satire animée, et chez qui cette saillie, d'une ironie sanglante, a dégénéré en monomanie. C'est *l'homme à barbe* du Palais-Royal. »

Et plus loin :

« J'ai déjà dit ce qu'était devenu M. Duclos, qu'on appelle avec plus d'esprit que de justesse le *Diogène du Palais-Royal.* Il y a autre chose que du *diogénisme* dans cette abnégation obstinée qui se condamne, depuis cinq ans, à tourmenter les yeux de la foule du spectacle d'une pauvreté repoussante ; il y a une leçon pleine d'énergie pour la jeunesse ardente et généreuse qui embrasse, sans autre mission que son courage, l'intérêt des rois proscrits et des institutions abandonnées ; qui prodigue ses jours et son sang à cette cause de sacrifices, et qui ne sait pas que la moisson inattendue qu'elle féconde est réservée d'avance aux lâches intrigues de la bassesse et de l'hypocrisie. Cet enseignement vivant ne sera peut-être pas perdu pour les générations futures. »

De Sainte-Pélagie, Duclos passe à Bicêtre et y reste jusqu'à l'entrée des alliés. Le lendemain même, les portes de la prison sont ouvertes, et les vaincus de la veille deviennent les triomphateurs. Mais la vie de Duclos est intimement liée aux événements politiques de son pays, et dans ce temps-là l'histoire marchait vite, elle n'a pas ralenti depuis.

L'empereur revient de l'île d'Elbe, la royauté est vaincue pour un jour, Duclos se rejette en Vendée et tient la campagne.

Dans les rangs vendéens étaient confondus prêtres, nobles et roturiers ; un La Rochejaquelein lui reproche de s'appeler Duclos tout court ; il le provoque et le tue sur place. Il est contraint d'abandonner la France, poursuivi par cette famille puissante qui va porter ses plaintes jusqu'au pied du trône de sa Majesté; le podagre Louis XVIII, auquel on criait justice, répondit : « M. Duclos a montré trop de dévouement à ma personne pour que je lui fasse du mal, mais je jure de ne jamais lui faire de bien. »

Ce serment fut trop impitoyablement tenu. Duclos avait dissipé sa fortune ; il avait même entamé celle de madame T..., qu'il ruina complétement plus tard. Il se trouvait en Italie, sans ressources, sans pouvoir revenir à Paris; il s'adressa aux sœurs de sa mère, qui le mirent à même de rentrer à Bordeaux, mais il croyait que Paris seul lui offrirait désormais quelques ressources. Son ami, de Peyronnet, était devenu ministre; il résolut d'aller lui demander une position. Nous allons voir quelle déception l'attendait.

Le ministre le reçut et fit des promesses évasives. Duclos avait une haute opinion de ses facultés; il voulait être d'emblée colonel ou maréchal de camp ; on lui offrit une compagnie, il la refusa ; il revint à la charge, fut consigné dans les bureaux. On le vit chaque jour se diriger vers le ministère de l'intérieur ; ses missives n'étaient même plus décachetées; son caractère s'aigrit; il devint violent et opiniâtre, rien n'y fit. Le ministère Peyronnet le reniait, le ministère Decazes le proscrivit.

L'homme à la longue barbe du Palais-Royal.

A partir de ce moment, Duclos, qui avait ajouté à son nom celui de *Chodruc*, devint bizarre, étrange et indéchiffrable ; il acheta de vieux habits et se voua à une misère apparente plus grande encore que sa misère réelle ; il laissa croître sa barbe, se coiffa d'un chapeau extraordinaire, laça, sur un pantalon impossible, des cothurnes ultra-tragiques, et commença à errer sous les arcades du Palais-Royal. A une heure du matin, quand on fermait les grilles, il se dirigeait vers la rue du Pélican, où il avait loué un cabinet, meublé d'un grabat, d'une chaise et d'une cruche.

Jamais, depuis 1818 jusqu'à 1829, il ne manqua un seul jour sa scandaleuse promenade, taciturne, sombre, observateur néanmoins. Les boutiquiers du Palais se plaignaient souvent à la police, mais Chodruc ne scandalisait que par sa misère, et pauvreté n'est pas vice. On le traduisit en police correctionnelle comme vagabond ; on a vu qu'il prouva que peu de Parisiens étaient aussi stables que lui. On l'accusa de mendicité, il produisit des témoins qui affirmèrent que les minimes sommes demandées par lui (ordinairement 5 francs ou 2 francs), n'étaient que des prêts à échéance hypothétique, mais qu'il les considérait comme tels.

Il va sans dire que nous avons puisé à toutes les sources, interrogé les contemporains de Chodruc, écouté respectueusement les vieillards, compulsé les brochures et les journaux du temps. Alexandre Dumas, un des hommes qui ont le mieux vu les choses de son temps, nous a raconté, avec sa verve féconde, une série d'épisodes et d'anecdotes sur Chodruc, qu'il a, du reste, consignés dans ses *Mémoires*.

L'Homme à la longue Barbe marchait éternellement et parlait constamment seul ; c'était un événement que de le voir adresser la parole à qui que ce fût; quand il voulait manger, il entrait dans un des cabarets de la rue du Pélican ou de la rue Pierre-Lescot, et jetait une pièce de monnaie sur le comptoir, en demandant sa pitance d'une voix brève.

Un jour, il voit passer, sous les arcades, M. Giraud-Savine, un érudit; il marche droit à lui, et comme celui-ci, gêné de se voir accosté par un ancien ami aussi compromettant que Chodruc, cherchait à l'éviter, le Diogène lui barre le passage et l'interpelle d'un air sombre :

— Giraud, quelle est la meilleure traduction de Tacite?

— Je n'en connais pas de bonne, répond M. Giraud.

Il serait singulier que ce fût Dumas qui eût fait les mots de Chodruc, pourtant celui-ci était homme d'esprit; il devint mystificateur plus tard, et sa manière d'être n'est pas exempte d'une singulière *pose*; ainsi l'interrogation sur Tacite n'est pas sincère. Le grand historien était aussi profondément indifférent au *Diogène* qu'il l'avait été à Duclos, qui avait négligé ses études, se laissant entraîner par le goût du plaisir, et ne parvenant pas, dans son âge mûr, à écrire une lettre sans fautes d'orthographe.

Un jour, Chodruc voit Charles Nodier, qu'il avait connu à Sainte-Pélagie, proscrit et condamné politique comme lui, causant avec l'auteur d'*Antony*, devant le café Foy; il le fixe attentivement, fait mine de vouloir lui parler, se ravise et passe son chemin. Nodier parti, Dumas, qui descendait vers le Louvre, rencontre Chodruc, qui vient droit à lui :

— Êtes-vous lié avec Nodier? lui dit Chodruc.

— Oui, répondit Dumas, et je l'aime de tout mon cœur.

— Ne trouvez-vous pas qu'il vieillit singulièrement?

— Oui, sans doute, cela m'a frappé.

— Eh bien! savez-vous pourquoi il vieillit?

— Non, et je serais heureux de le savoir.

— Nodier vieillit parce qu'*il se néglige*, et rien ne vieillit un homme comme de se négliger.

Chodruc trouvant que quelqu'un se néglige ! c'est inimitable, et la conviction avec laquelle il avait posé ce principe avait beaucoup frappé Dumas.

Chodruc et la révolution de Juillet. — Manière de voir d'un royaliste. — Chodruc donne sa démission.— Sa mort.

En affectant un déguenillage aussi complet, Chodruc avait son idée fixe, il voulait faire rougir un ministre, M. de Peyronnet, autrefois son ami, qui lui avait refusé de le mettre à même d'échapper à cette misère. La révolution de Juillet éclatant à la suite des ordonnances, et M. de Peyronnet traduit en accusation et incarcéré à Ham, le *Diogène* n'avait plus sa raison d'être, et Chodruc le comprit.

Le 28 au matin, l'Homme à la longue Barbe se rendit à son poste habituel, décemment vêtu, la barbe lisse, coiffé d'un chapeau presque propre. Ce fut un coup de théâtre, et les boutiquiers eurent deux étonnements à la fois : Chodruc devenu décent, les grilles du Palais-Royal fermées et le jardin plein de troupes. Les Suisses défendaient le Palais et avaient engagé le feu avec les assaillants. Chodruc, qui voyait à deux pas de lui un groupe de jeunes gens armés de fusils de munition dont ils se servaient assez mal, s'approcha d'eux et demanda une arme pour leur montrer comment il fallait s'en servir.

Il mit en joue, pressa la détente, on vit tomber un Suisse, il rendit son fusil.

Celui qui avait prêté son arme insista pour qu'il voulût bien la garder, puisqu'il savait si bien s'en servir.

— Merci! répondit Chodruc, ce n'est pas mon opinion.

En effet, la révolution de Juillet et sa conclusion n'étaient qu'un compromis entre la république et la royauté, et Chodruc, entier dans ses opinions et Vendéen dans toute l'acception du mot, ne se ralliait pas à la *meilleure des républiques*.

L'ordre se rétablit; Chodruc continua sa vie singulière, mais son costume était désormais plus décent; il hantait les cafés du Palais-Royal; il y discutait et devenait plus sociable.

Il avait ses admirateurs, mais il fut constamment la terreur des enfants et des femmes ; et toutes celles que nous avons consultées et qui l'ont connu, alors qu'elles étaient jeunes filles, nous ont invariablement exprimé le même sentiment.

Chodruc-Duclos a successivement habité rue Pierre-Lescot, rue du Pélican et rue de la Bibliothèque ; il restait couché depuis minuit jusqu'à quatre heures de l'après-midi en hiver, et jusqu'à deux heures en été. A cette heure, il se rendait chez une fruitière de la rue Pierre-Lescot, chez laquelle il mangea pendant plus de cinq ans, il apportait sa nourriture avec lui; il payait comptant tout ce qu'il prenait, et, parfois, quand il avait trouvé un ancien ami généreux, il faisait de vrais festins, sans que ces extra le rendissent plus bavard ou moins sombre.

Chodruc avait contracté dans les prisons, à Vincennes et à l'Abbaye surtout (Charles Nodier en fait foi), des douleurs rhumatismales qui le faisaient horriblement souffrir. Comme il se laissait aller, sans jamais avoir recours aux médecins, on le trouva mort sur son grabat de la rue du Pélican ; il n'avait sur lui que quelques lettres sans importance.

Les commerçants du Palais-Royal, qui auraient payé ce qu'on eût voulu pour qu'on les délivrât de Chodruc, firent une souscription pour payer son enterrement.

Comme date historique et document sérieux sur Chodruc-Duclos, je cite les vers de Barthelemy et Méry dans la *Némésis*, vers relatifs à mon héros :

Dans cet étroit royaume où le destin les parque,
Les terrestres damnés l'ont élu pour monarque :
C'est l'Archange déchu, le Satan bordelais.
Le Juif errant chrétien, le Nelmoth du Palais.
Jamais l'ermite Paul, le virginal Macaire,
Marabout, talapoin, faquir, santon du Caire,
Brahme, guèbre, parsis adorateur du feu,
N'accomplit sur la terre un plus terrible vœu
Depuis sept ans entiers, de colonne en colonne,
Comme un soleil éteint ce spectre tourbillonne ;
Depuis le dernier soir que l'acier le rasa,
Il a vu trois Véfour et quatre Corrazza ;
Sous ses orteils, chaussés d'éternelles sandales,
Il a du long portique usé toutes les dalles ;
Être mystérieux qui, d'un coup d'œil glaçant,
Déconcerte le rire aux lèvres du passant.
Sur tant d'infortunés infortune célèbre

Des calculs du malheur c'est la vivante algèbre.
De l'angle de *Terris* jusqu'à *Berthellemot*,
Il fait tourner sans fin son énigme sans mot.
Est-il un point d'arrêt à cette ellipse immense ?
Est-ce dédain sublime, ou sagesse, ou démence ?
Qui sait ?

Duclos n'est évidemment pas un personnage ni une figure qu'il faille mettre sur un piédestal, mais puisque je collectionne des tulipes noires, et que j'ai tenté d'avoir le mot de quelques énigmes qui ont intrigué nos devanciers, il faut tirer une conclusion de cette vie agitée et pittoresque, qui commence dans l'opulence et finit dans une abjection presque volontaire.

Duclos fut, je le crois, victime d'un tempérament excessif, ses passions l'ont toujours dominé, et cette forte conviction, qui le fait renoncer à toute transaction et à toute concession, est annulée par une absence de sens moral et une faiblesse mal en rapport avec l'énergique volonté dont il fait preuve dans les circonstances politiques de sa vie.

Je n'ai pas voulu insister sur sa liaison avec madame T..., mais cette liaison était déshonorante, et je puis le prouver par une lettre autographe que j'ai entre les mains.

On dit ses vérités au roi-soleil, on peut les dire à Chodruc.

A côté de cela, supposez-le *superbe*, acceptant du service sous Bonaparte, et faisant sa soumission entre les mains de Fouché, qui se transporte à Vincennes uniquement pour l'acheter ; Duclos était à cette époque une tête du parti royaliste, un homme élégant et bien né, on le faisait donc préfet et baron de l'empire. De là au Diogène, il y a la distance d'une conviction.

M. DE SAINT-CRICQ

Tous les Parisiens ont connu M. de Saint-Cricq, cet habitué du boulevard : c'était un gentilhomme qu'on reconnaissait pour être de race, malgré le laisser-aller de son costume. Il avait laissé croître sa barbe, et c'était déjà se singulariser que ne pas avoir le menton rasé en l'an de grâce 1829.

Il était extravagant et maniaque, il prisait du sucre et en offrait aux gens qu'il rencontrait; il causait volontiers et longtemps ; il avait voué à la Charte et à La Fayette une haine acharnée et médisait du temps présent.

Doué d'une certaine fortune et d'un beau nom, il hantait les centres élégants, c'était un habitué du café Anglais, qui fut le |principal théâtre de ses extravagances.

Il s'asseyait encore devant Tortoni, demandait une glace à la vanille et une glace à la fraise, puis, rassemblant ses idées un instant, se déchaussait sans façon et versait consciencieusement sa glace à la vanille dans la botte droite, et la fraise dans la botte gauche. Quand il lui arrivait de se tromper, il maugréait tout bas en reconnaissant son erreur, vidait ses bottes et redemandait deux autres glaces en répétant jusqu'à l'arrivée du garçon :

Glace à la vanille, botte droite; glace à la fraise, botte gauche!

M. de Saint-Cricq appartenait à une très-grande famille que ces excentricités affligeaient ; mais tant qu'elles n'eurent pas de fâcheux résultats pour sa santé ou pour sa fortune, on le laissa errer dans les rues de Paris sans lui infliger un gardien.

On le voyait souvent tenant par la main une charmante enfant. Or, comme M. de Saint-Cricq adorait la petite fille, qui le lui rendait bien, il la menait promener sur le boulevard, et quand arrivait l'heure du dîner, s'installait à table avec elle; les garçons la connaissaient, on lui donnait son couvert d'enfant, sa petite timbale en vermeil, et la dame du comptoir lui faisait faire chaque fois quelques friandises.

Vers six heures, on voyait entrer le docteur Véron, le duc de R..., le prince de Belgiojoso, Malitourne, Latour-Mézeray, l'homme au camélia, venaient ensuite D'Al... S..., un vieux capitaine de vaisseau dont j'ai oublié le nom, et un nommé Clément. Ces messieurs avaient leur table mise au fond du café, sous l'œil même de la dame du comptoir, la spirituelle madame Gué.

Parfois, aux tables du devant, on voyait apparaître un grand garçon svelte, un peu excentrique, vêtu d'un habit bleu à boutons d'or, d'un gilet blanc et d'un pantalon gris, les cheveux au vent, un Masacio moderne, l'œil vif, le nez un peu pincé et le chapeau à quarante-cinq degrés : c'était Alfred de Musset qui, trouvant Hugo trop — *Baron de Fer*, — Théophile Gautier et ses acolytes trop excentriques, et la mère Saguet un cabaret sentant la roture, rompait avec les littérateurs et se jetait à corps perdu dans la vie élégante. Souvent encore, dominant la foule de toute la tête, souriant et montrant ses dents blanches, heureux, bruyant, familier, expansif, s'avançait un joli garçon mulâtre, au front ouvert, aux longs cheveux crépus, vêtu d'une redingote noire serrée à la taille et boutonnant droit jusqu'à la cravate, le ruban de la Légion d'honneur à la boutonnière : c'était l'auteur d'*Henri III* et d'*Antony*.

On était courtois et spirituel, et on discutait le dernier succès littéraire ou artistique, on parlait de madame Dorval ou de Jenny Colon, d'Eugène Delacroix ou d'Antonin Moine. On dînait longuement, on buvait beaucoup et des meilleurs, et vers les dix heures, quand la petite-fille de M. de Saint-Cricq avait joué avec le chat du logis et mangé les bonbons que chacun lui offrait à l'envi, on la voyait s'affaisser sur un divan et s'endormir. Un grand domestique galonné venait rappeler à M. le baron que mademoiselle s'endormait et que ces veillées lui *brûlaient le sang;* M. le baron prenait son chapeau, jurait ses grands dieux qu'il allait partir, et ne regagnait son logis qu'à une heure du matin. Le valet de pied enveloppait alors celle qui devait être un jour l'ambassadrice d'Angleterre et la femme d'un ministre, dans un grand tartan rayé, et M. de Saint-Cricq s'en allait lentement, lentement, le long du boulevard, regardant les étoiles en faisant des gestes étranges.

Mais tous les jours, dans cette même salle du rez-de-chaussée du Café de Paris, se renouvelait une scène du meilleur comique entre gens du meilleur monde, dont plusieurs vivent encore.

L'une des tables était occupée par le vieux capitaine dont j'ai parlé plus haut, et à ses côtés, solitaires aussi, venaient s'asseoir de vieux célibataires qui avaient mené la vie à grandes guides, et auxquels il ne restait pas plus de dents que d'illusions... C'étaient le duc de R..., M. de V... R..., un roturier millionnaire et un ex-capitaine de vaisseau. M. de Saint-Cricq, plus jeune que ceux que j'ai cités, s'asseyait parfois à côté d'eux.

Le capitaine, qui mangeait les mets les plus délicats, ne buvait pas de vin; M. le duc de R... jetait une goutte de xérès dans un verre d'eau limpide, et les autres étaient au moins aussi sobres. De temps en temps le capitaine laissait échapper cette exclamation :

— Ah ! mon cher duc, avoir eu trente ans et se souvenir du bouquet délicieux des corton, des léoville, des clos-vougeot ; et aujourd'hui des gastrites, des gastralgies..., de vilaines maladies qui n'ont même pas un joli nom... et pas même des dents creuses !

Et le duc interpellé regardait piteusement

son verre à peine coloré par quelques gouttes de xérès.

— Si seulement on en était quitte, disait M. de V..., pour une insomnie, mais ce sont les satanées crampes et les indigestions.

— Êtes-vous bien sûrs, messieurs, disait M. de Saint-Cricq, que ce système débilitant que vous vous obstinez à suivre ne soit pour rien dans les désordres dont vous vous plaignez?

— Vous avez raison, baron, ripostait R... Je crois que ces concessions faites à notre tempérament n'ont d'autres résultats que de paralyser les fonctions digestives. Des toniques, messieurs, des toniques!

— Oui, objectait timidement le duc, mais ce n'est pas seulement l'estomac qui proteste, et chaque verre de saint-julien ou de haut-brion se paye par une crise de goutte, et j'ai bien juré de ne pas me laisser aller à ces faiblesses...

Et tous les interlocuteurs se taisaient. On passait au second service; on savourait le sorbet, destiné à précipiter la digestion; puis venaient le fromage et les fruits; et le capitaine hasardait timidement une proposition :

— Nous avons fini de dîner; il est vraiment difficile de manger le fromage sans boire au moins un verre de bordeaux, et vous savez que nos moyens digestifs ne nous permettent pas de négliger le fromage : à nous cinq ! — un verre de bordeaux? — Voyons, messieurs! manger le fromage sans boire au moins un verre de vin rouge serait de l'exagération!

— Le capitaine a raison, disait M. de V..., nous allons peut-être un peu loin; mais puisque nous faisons cette innocente débauche, prenons au moins du bourgogne. Le bordeaux est froid pour nos estomacs débilités; le bourgogne, au contraire, est généreux et chaleureux; il détermine une douce gaieté et porte à l'expansion.

— Va pour le bourgogne, disait R...

Et le sommelier chargé de la bouche des vieux garçons apportait solennellement, et souriant en dessous, une vénérable bouteille soigneusement couchée dans un petit panier d'osier.

— Messieurs, disait le duc R..., avec son joli sourire de vieillard, et se levant en tendant son verre comme pour porter un toast, que les maux que causera ce bourgogne retombent sur vos têtes! Nous avons bu à tant de choses dans notre vie, et nous savons ce que valent les grandeurs et les félicités d'ici-bas!... Bah! ce Romain avait peut-être raison... *Diis ignotis!*

Et le visage des épicuriens, jusque-là triste et maussade, s'illuminait d'un sourire, et le capitaine contemplait la bouteille vide.

On parlait de choses et d'autres ; M. de Saint-Cricq divaguait un peu, mais comme un homme d'esprit divague; le duc faisait claquer ses lèvres; R... et M. de V... semblaient hantés par de doux souvenirs. Le capitaine, toujours aussi timide, se tournait alors vers cet auditoire qui lui semblait bien disposé.

— Que ce soit un verre ou une bouteille, messieurs, je suis malheureusement trop sûr que vous, mon cher duc, vous devrez à cette petite débauche une crise de goutte. Vous, Saint-Cricq, vous serez nerveux toute la journée,

Quant à vous, mon pauvre de V..., gare les crampes au pylore, et pour vous R..., que vous buviez du clos-vougeot ou de l'eau claire, votre gastrite ne vous laisse guère de repos. Si nous demandions une bouteille de ce vieux pomard dépouillé qui a perdu ce feu que vous redoutez tant?

Et le sommelier, discret et sérieux cette fois, apportait la bouteille sans lever les yeux sur les convives.

Après la seconde bouteille, on n'avait plus besoin de prétextes pour passer à la troisième, et vers minuit, quand le domestique du vieux duc, qui se promenait depuis deux heures sur le boulevard en attendant le signe par lequel il lui demandait sa pelisse, s'avançait respectueusement vers lui, son maître, un peu chancelant, s'appuyait fortement sur son bras, et on avait peine à le réveiller quand sa voiture s'arrêtait devant son petit hôtel de la rue de la Ville-l'Évêque.

Le lendemain, les tables étaient vides, et la dame du comptoir n'avait pas besoin de demander la cause de cette infraction de ses pensionnaires à leurs habitudes; mais quand ces messieurs revenaient occuper leur table, sur laquelle on n'avait servi que l'eau la plus limpide, après avoir consciencieusement observé leur régime pendant tout leur repas, ils recommençaient la même scène que la veille, et cette petite débauche était toujours suivie des mêmes résultats.

Mais ce ne sont pas là les excentricités qui ont rendu M. de Saint-Cricq célèbre. Le baron faisait partie du cercle de l'Union et, je crois, du Jockey-Club. Tous les membres de ces deux clubs connaissaient et sa généalogie et son état de fortune; ils étaient aussi habitués à ses singularités et à ses manies, et se prêtaient assez volontiers à ses fantaisies.

M. de Saint-Cricq était arrivé à un état mental qui ne se manifestait par aucun acte dangereux; il était doux et calme, poli, bien élevé; c'était un gentilhomme auquel on s'attachait volontiers. Il était, d'ailleurs entouré de parents qui l'aimaient et craignaient, par une surveillance trop sérieuse, d'aggraver son état. Mais ses excentricités pouvaient tout simplement le conduire à la ruine. Il fallait donc veiller sur lui et réglementer ses dépenses; un valet de pied, muni d'argent, était chargé de le suivre et de pourvoir à ses dépenses.

Un jour, il était entré chez le Jullien d'alors et avait régalé les enfants, ce qui n'était qu'aimable; mais une fois, il avait commandé des bijoux, choisi des diamants, et l'orfévre, en lisant sur sa carte de visite le nom de l'acheteur, avait pris la commande au sérieux. Ce goût de faire des emplettes s'était développé et était arrivé à un point inquiétant; il eût commandé douze bonnes douzaines de cercueils.

Il fit un jour une équipée qui eut le plus grand succès : il avisa une station de citadines et de lutéciennes, s'aboucha avec l'inspecteur et lui fit part de son projet de louer les trente voitures stationnaires, alléguant le premier prétexte venu. Il paya d'avance trente heures de voitures; l'inspecteur n'avait aucune objection à faire il ratifia donc la location.

Quelques instants après, il montait dans la première citadine, ordonnant au cocher d'aller au pas et faisant suivre les vingt-neuf autres véhicules; il descendit ainsi jusqu'à la Madeleine, et là donna l'ordre de remonter jusqu'à la Bastille. Les promeneurs furent vivement intrigués en voyant ce cortége de voitures vides; on questionnait les cochers, qui racontaient à qui voulait l'entendre qu'un bourgeois les avait loués et payés d'avance pour aller au pas et à vide.

A quelques jours de là, après avoir commandé aux Bains chinois un bain à domicile, il parcourut tout le boulevard et les rues adjacentes, commandant dans tous les établissements du même genre un autre bain pour la même heure.

Le moment venu, sans avoir prévenu aucun de ses domestiques, il s'enferma dans sa chambre à coucher, s'y barricada, ferma ses contrevents et attendit derrière les volets l'arrivée des garçons de bain.

La première baignoire apparaît dans la cour. Quoi de plus naturel? M. de Saint-Cricq veut prendre un bain à domicile. Le garçon se dispose donc à monter la baignoire. Une seconde voiture se présente ; le concierge assure qu'il y a équivoque ; il se fait répéter le nom de la personne qui a commandé. Il est parfaitement conforme ; on donne même le signalement de M. de Saint-Cricq.

Une troisième baignoire, suivie d'une quatrième, d'une cinquième et d'une sixième, se présente ; il n'y a plus à en douter, c'est une mystification. La cour est pleine de baignoires, qui ont peine à y manœuvrer, et de garçons de bain, qui se disputent et s'injurient, et M. de Saint-Cricq, derrière ses volets, regarde avec jubilation le conflit qui surgit entre tous ces pauvres gens qui n'en peuvent mais. Du reste, comme toujours, chacun est grassement payé, et les mystifiés s'en retournent chez eux sans avoir vu l'auteur de la mystification.

M. de Saint-Cricq était grand admirateur de Molière, de Régnard et de Marivaux ; il était un des fervents abonnés du Théâtre-Français, et chaque fois que l'affiche portait le nom d'un des maîtres que j'ai cités, il écoutait religieusement, sans donner d'autres marques d'excentricité qu'un enthousiasme excessif qui se traduisait parfois par des exclamations un peu étranges. Mais quand le nom de celui qui allait pendant vingt-cinq ans faire les délices de la bourgeoisie remplaçait celui de Molière, et qu'au lieu du *Tartuffe,* des *Précieuses,* du *Joueur* ou des *Jeux de l'Amour et du Hasard,* on donnait *la Camaraderie* ou *le Verre d'eau,* le baron se faisait ouvrir la première loge de face qu'il trouvait vide, et là s'installait de façon à ce que ses deux pieds reposassent sur le pourtour de la loge. Quand on chutait à côté de lui et qu'on criait à l'inconvenance, il répondait que la littérature de M. Scribe était *bonne pour ses bottes.*

Quand l'acte était terminé, il se promenait avec rage dans le foyer et interpellait les gens qu'il connaissait :

— Est-ce que vous n'aimez pas mieux *le Dîner de Madelon* que toutes ces mesquineries-là, vous ? Toujours des notaires, des colonels et des secrétaires ! Quelle littérature ! Où allons-nous ! — Pas de milieu ! soyons grands et dignes avec Racine et Corneille, humains avec

Molière, ou joyeux et bien portants avec Désaugiers!

> Redevenu garçon,
> Libre de toute chaîne,
> Aussi gai qu'un pinson,
> Je bois, je me promène.
>   Eh! bon, bon, bon!
>   Eh! bonjour, Madeleine!
>   Eh! bon, bon, bon!
>   Eh! bonjour, Madelon!
>
> A défaut de tendresse,
> . . . .

Un soir, il fut la cause d'un grand scandale à la Porte-Saint-Martin.

C'était à l'époque de la mort mystérieuse du prince de Condé. Madame de Feuchères venait d'entrer dans une loge et M. de Saint-Cricq était au balcon ; il s'écria, en désignant la baronne :

— *Elle a du sang sur sa robe!* elle a tué le malheureux prince!

Madame de Feuchères, épouvantée et devenue le point de mire de toute la salle, n'eut d'autre ressource que celle de s'évanouir, revenue à elle, elle disparut. Quant au baron, on dut le rappeler au calme ; il paraissait, du reste, assez peu s'émouvoir de l'attention dont il était l'objet.

Dans les derniers temps de sa vie, M. de Saint-Cricq avait imaginé une mystification très-singulière et qu'il renouvela fréquemment. J'ai dit qu'on avait soin de ne pas laisser à sa disposition une somme sérieuse, dans la crainte qu'il ne la dépensât d'une façon infructueuse ou même nuisible. Voici comment il exploitait la situation :

Il voyait entrer au cercle un de ses anciens amis ; il courait à lui, soucieux et triste, et lui tenait à peu près ce langage :

— Vous savez, mon cher, que je suis malheureusement un peu trop excentrique et qu'on craint, sans raison pourtant, que je dissipe mon patrimoine comme un fils de famille qui a lâché le frein à ses passions ; on me surveille, on m'espionne, on me rationne, et je suis obligé de faire la cour à mon laquais pour avoir un louis ; c'est répugnant et cruel, et je ne le souffrirai pas plus longtemps. Seulement, pour l'instant, il faut en passer par-là, j'ai sérieusement besoin d'argent, une misère, deux ou trois louis. Faites-moi donc l'amitié de me les prêter.

La personne interpellée, qui connaissait la position de M. de Saint-Cricq et qui, d'ailleurs, était au-dessus de deux louis, les lui offrait parfois, et mettait à sa disposition une plus large somme.

Quand il était en possession de l'argent prêté, il se mettait tranquillement à lire les journaux ou à causer, et, une demi-heure après, faisait la même sollicitation à la première personne qui entrait. Cette scène se renouvela quatre ou cinq fois par jour pendant quelque temps ; puis, on se donna le mot et on évita le baron, ou on lui donna une raison pour lui refuser la somme qu'il demandait.

Mais le plus drôle de la situation, c'est que, dès qu'il avait réuni deux ou trois cents francs, il descendait sur le boulevard et voulait à toute force faire des largesses au peuple. Il fallait la présence du valet de pied, qui ne quittait jamais le baron, pour empêcher cette générosité immodérée. Il va sans dire qu'on demandait la liste des personnes auxquelles il s'était adressé et qu'on remboursait immédiatement les intéressés. C'était une simple espièglerie de la part de M. de Saint-Cricq.

A partir de ce moment, les excentricités redoublent ; M. de Saint-Cricq vient prendre une glace chez Tortoni ; couché sur le haut d'une voiture, il appelle le garçon, la foule s'ameute; il veut persuader à chaque spectateur que rien n'est frais comme une banquette de citadine.

Une autre fois, il s'assied tranquillement au Café de Paris, demande une tasse de café noir, et, quand on la lui a servie, se recueille un instant et prie qu'on lui apporte « tout ce qu'il faut pour écrire. » M. de Saint-Cricq n'écrivait jamais ; inquiétude du garçon, qui voit bientôt l'original verser délicatement dans sa tasse l'encre, la poudre et les pains à cacheter, et remuer doucement ce breuvage extraordinaire. On a beaucoup de peine à lui persuader que son café est froid et qu'on va lui en donner d'autre, et la bonne madame Gué s'interpose, le calme, cause amicalement avec lui et change le cours de ses idées.

C'est encore le temps des salades invraisemblables : au milieu de son repas il commande une tasse de chocolat ; il a préalablement demandé une salade, il veut l'assaisonner lui-même et verse son chocolat en guise d'huile et de vinaigre, ayant grand soin de mêler à chaque cuillerée une pincée de sel et une de poivre.

Une autre fois, il a demandé des fraises au mois de janvier; on lui sert une portion de ces fruits, qu'on cultive à grands frais pour les gourmets ; il se plaint de ne pas les trouver assez mûres, et quand on veut échanger sa portion contre une autre, il se lève, le couteau en arrêt, jure qu'*on n'aura ses fraises qu'avec sa vie*, et déploie une énergie comique; on insiste, en lui montrant d'autres fraises plus belles :

— Tous vos piéges et toutes vos ruses ne me séduiront pas ; venez les prendre, vous ne les aurez que quand il ne me restera plus une goutte de sang dans les veines !

Ces penchants excentriques se développèrent à un tel point, qu'un membre de sa famille résolut de faire enfermer le baron dans une maison de santé.

Un matin, on le fit monter dans une voiture et on l'accompagna chez un docteur spécialiste.

Ce jour-là, en rentrant dans la maison de santé, le baron eut l'intuition incomplète de ce qui se passait, et, intervertissant les rôles, il assura aux personnes qui l'accompagnaient, qu'on était admirablement soigné dans ces maisons; que, du reste, on les viendrait voir et leur apporter mille friandises qui leur rendraient la vie supportable.

Mais M. de Saint-Cricq se laissa prendre aux discours dorés du chef de l'établissement, y resta, et devint le pensionnaire le plus intolérant de sa maison.

A partir de ce jour, le pauvre homme, habitué au grand air, à la vie, à l'air libre, qui battait du matin au soir le boulevard des Italiens et les cercles, s'étiola et devint profondément triste.

Un jour, une maladie cérébrale se déclara et

l'emporta rapidement ; il survécut deux ans à cette séquestration.

M. de Saint-Cricq était né à la fin du siècle dernier ; il fut regretté du monde parisien habitué à ce gentilhomme monomane, qui était d'une douceur parfaite, et dont les excentricités les plus sérieuses ne dépassèrent jamais celles auxquelles lord Seymour, Romieu, Musset, Saint-Léger et autres, avaient accoutumé les sectaires du boulevard des Italiens.

Le portrait de M. de Saint-Cricq ne figure pas ici, on comprendra facilement le sentiment de délicatesse qui nous porte à ne pas le publier. Le baron devait figurer dans cette galerie, il fut un type de son temps, mais nous voulons épargner à sa famille un douloureux souvenir.

L. CH. CAILLAUX

D'après une photographie.

LE MAPAH

E mouvement littéraire de 1828, qu'on peut appeler orgueilleusement la Renaissance française du dix-neuvième siècle, eut cela de particulier qu'il s'étendit sans exception à toutes les formes du génie humain. Si la littérature

ouvrit la marche lumineuse, la peinture, la sculpture, l'architecture, la gravure l'y suivirent. L'économie sociale et politique ne restèrent pas en arrière, et la théologie elle-même se ressentit de cette effervescence qui enflammait les esprits et les cœurs.

Si l'humanité est perfectible, elle est finie, et quand un illuminé est prêt à entrevoir la vérité dans ces splendeurs surnaturelles où le guide son hallucination, une main invisible jette un bandeau sur ces yeux fixés vers l'infini, et tout devient ténèbres.

Il est une exaltation poétique et d'un désordre pittoresque qui passionne les masses et compte des prosélytes par milliers ; telle fut celle de Fourier, qui, un moment, menaça de devenir une religion ; telles furent, à un degré différent, les doctrines d'Enfantin, celles de Pierre Leroux, les utopies généreuses de Considérant, celles des Saint-Simoniens, dont l'association a poussé dans notre société de vigoureuses racines qui, sans doute, ne germeront plus, mais ont conservé assez de séve pour qu'il existe entre ceux qui étaient membres de l'association une confraternité dont les résultats sont efficaces pour tous.

Je n'ai pas parlé de l'abbé Chatel, qui voulait réformer l'Église, et, nouveau Luther, entraîner tout le catholicisme à sa suite; et je ne cite qu'en passant les noms des dieux, des ministres et des prophètes que virent éclore cette belle époque littéraire. L'homme qui écrira l'histoire de ces divinités d'un jour aura fait un des livres les plus curieux de ce temps-ci, mais pour moi je ne crois pas trop m'éloigner de mon sujet en parlant du *Mapah*, qui eut son heure de célébrité et se décerna à lui-même son brevet d'immortalité.

Je veux pourtant que le lecteur sache bien qu'un sourire ironique ne plisse pas mes lèvres en parlant de ce pauvre inspiré qu'animait une conviction sincère : s'il figure ici entre un homme-orchestre et un monomane, c'est qu'il fut vraiment un homme de la rue et qu'il m'appartient comme tel.

Le vrai nom du *Mapah* est Gannau; il était fils d'un chapelier qui avait fait une assez belle fortune, et, comme tous les chapeliers d'ici-bas, rêvait pour son fils une carrière libérale. Gannau fit de bonnes études classiques ; il avait horreur des spécialités, et but quelques gorgées à toutes les coupes d'or des connaissances humaines; il voulut être un savant et s'adonna aux sciences exactes; un humaniste, et s'adonna aux belles-lettres; un docteur, et passa tous ses examens de médecine. Pendant qu'il cherchait sa voie, le vieux chapelier mourut, et son fils, qui se trouvait à la tête d'une fortune honorable, commença à mener joyeuse vie et à dépenser sans compter.

Il était élégant et bien fait; il trouva trop vite des compagnons de plaisir qui l'aidèrent à dissiper la fortune que son père avait lentement acquise. Il fut un instant l'un des héros du boulevard et l'un des sectaires les plus fervents de Frascati et du Cent-treize. Gannau était joueur jusqu'au délire, et, comme tous les joueurs, il avait des alternatives de splendeur et de misère. Quand la fortune l'avait favorisé, tout le Paris qui s'agite entre la Chaussée-d'Antin et le faubourg Montmartre s'en apercevait aussitôt. C'étaient des soupers sans fin, des cavalcades, des décamérons perpétuels.

Il était, en 1832, l'un des habitués du Café de Paris, et il lui arrivait parfois de passer des semaines entières entre le Palais-Royal et le boulevard sans songer à rentrer chez lui.

Il avait voué un culte au dieu brelan, et le jeu devint un jour sa seule ressource. On ne s'attend pas à ce que je raconte les diverses péripéties de cette vie décousue; on devine l'existence du joueur, et Gannau est un de ceux qui ont étonné, par la violence de son penchant, les croupiers inaltérables, bronzés à tous les feux de la passion du jeu.

Après avoir été plusieurs fois réduit à un complet dénûment, et s'être relevé par un de ces hasards qui donnent raison à ceux qui sont possédés du brelan, Gannau sentit le besoin de chercher des ressources dans une industrie moins aléatoire que dans la roulette et le biribi. Il avait adopté avec fougue les doctrines de Gall et s'occupait assez sérieusement de phrénologie; il imagina de tirer des différentes propensions indiquées par les protubérances du crâne des déductions qui lui serviraient à prévoir l'avenir de chaque sujet. Le public, qui aime le merveilleux, vint volontiers consulter Gannau, qui avait pris un cabinet sur le boulevard Bonne-Nouvelle. Un crâne servait d'enseigne; sur le crâne était indiquée en lignes bleues et rouges la topographie cérébrale des *facultés*, des *sentiments* et des *instincts*.

Gannau, pas plus que Gall et Spurzheim, n'avait la faculté de prédire l'avenir, mais il avait beaucoup vécu, il était physionomiste et surtout savait la vie; il concluait des tendances et des propensions aux faits eux-mêmes, et, se tenant dans des généralités vraisemblables, arrivait parfois à définir assez exactement les caractères et les tempéraments.

Dès que Gannau, dont les consultations étaient d'un prix modique, avait réuni une petite somme, il se dirigeait vers le Palais-Royal et tentait la fortune. Quelquefois lorsqu'elle lui avait souri, il vivait avec une prodigalité sans exemple.

Un jour, il était redevenu forcément phrénologue; une jolie cliente vint lui confier sa tête ; il signala des développements anormaux dans la protubérance *amative*, celle qu'on appelle vulgairement la nuque, et, distrait et rêveur, il laissa sa main courir sous les cheveux opulents de la jeune femme qui frémissait voluptueusement.

Vous connaissez ce que Stendhal appelle *le coup de foudre*, dans son livre de l'*Amour* : c'est cette passion irréfléchie, spontanée, qui naît instantanément et vous saisit avec la rapidité du tonnerre, vous dominant avec autant d'empire et de certitude que si elle vous possédait depuis longtemps et se basait sur le raisonnement et le caractère.

La dame douée d'une si belle bosse jeta ses bras autour du cou de Gannau ; il était quatre heures quand elle sonnait à la porte de celui qui devait être un dieu ; à quatre heures un quart elle jurait de l'aimer, l'adorer, le servir et mourir pour lui.

Cette dame, si riche en *amativité*, était mariée (naturellement), elle était riche, jeune et belle ; elle prit simplement une liasse de billets de banque dans le tiroir de son époux et vint jeter cette fortune noblement acquise aux pieds de Gannau.

Mais Gannau avait des principes; il expliqua à sa bien-aimée que ce procédé manquait de délicatesse, et l'engagea à remettre au mari la somme qu'elle avait distraite. Grande exaltation de madame ***, qui avait juré que Gannau l'enlèverait.

Le phrénologue, qui de jour en jour s'attachait davantage à sa maîtresse, n'attendait que le moment où elle reviendrait sans le moindre anneau nuptial au doigt et le plus léger billet de banque dans ses poches pour l'enlever d'une façon irrévocable. Madame *** quitta furtivement la maison conjugale et eut soin de ne pas prendre le moindre viatique. Gannau, qui la trouvait dans d'admirables conditions, l'enleva.

A partir de ce moment, le phrénologue mena l'existence la moins dorée et la plus dénuée de phrénologie (la jalousie de son amante était un obstacle insurmontable). Sans aucune ressource, il demanda encore au jeu les moyens de prolonger une existence chaque jour de plus en plus précaire. Après une année d'un bonheur très-mélangé, Madame*** mourut, et Gannau, qui aimait sérieusement pour la première fois de sa vie, conçut un immense chagrin et devint bizarre. Une maladie longue et douloureuse, jointe à ce souvenir profond et ineffaçable qui le minait, spiritualisa, pour ainsi dire le pauvre Gannau, qui, à partir de ce moment, fut complétement détaché des choses d'ici-bas.

D'une douceur évangélique, d'un fatalisme et d'une abnégation sans limites, le malheureux Gannau n'essayait pas de convertir par la force, il en appelait à la conviction. Il avait dépouillé le vieil homme et secoué la fange qui l'entourait. Il s'était transfiguré et avait même abandonné son nom, ce nom vague, dont la fonction se bornait à l'empêcher d'être confondu avec quelque autre.

Il s'appela simplement *Celui qui fut Gannau*.

Ce sont les renseignements fournis par Alexandre Dumas et les petits journaux du temps qui nous ont servi à raconter la première partie de la vie de Gannau ; celle du

Mapah est consignée dans des brochures devenues aujourd'hui extrêmement rares, et publiées par le prophète du *Mapah, celui qui fut Caillaux.*

L'Arche de la Nouvelle Alliance est le nouvel évangile qui raconte la passion de Gannau.

La religion que voulait fonder le *Mapah* avait pour principe l'androgynisme. Il fusionnait le principe mâle et le principe femelle ; il reconnaissait son union dans toute la nature. Comme tel, il s'indignait de cette absorption de la femme par l'homme qui lui ordonne de sacrifier son nom à celui qu'elle épouse.

La religion de Gannau s'appelait l'*évadisme*, et ce nom était bien caractéristique, puisqu'il réunit les deux noms : *Ève, Adam*. Lui-même s'était décerné le titre de *Mapah*, nom symbolique qui contient les deux premières syllabes des mots latins *pater* et *mater*; l'*h* est pour la forme, et cette désinence originale donne à ce titre je ne sais quelle tournure indienne.

Dans le système de Gannau, le fils devait à sa naissance prendre un nom composé de la première ou des deux premières syllabes du nom paternel, combinées avec la dernière ou les deux dernières syllabes du nom maternel.

Le *Mapah* fit école, et ce temps, qui engendrait des prosélytes pour toute pensée ardente et généreuse, et pour toute manifestation du génie ou de la folie, trouva des sectaires fervents qui se groupèrent autour de Gannau. Félix Pyat, l'auteur dramatique et le représentant de la Montagne, était du nombre ; Thoré, qui a joué un rôle pendant la révolution de 1848, et qui est encore aujourd'hui un de nos meilleurs critiques d'art, fut aussi son disciple. Je ne cite que les plus célèbres. Hetzel, qui, sous le pseudonyme de Stahl, est un de nos écrivains humouristiques les plus fins et les plus ingénieux, sans être en aucune façon sectaire de l'évadisme, contribua par pure obligeance à répandre cette doctrine, en prêtant à Gannau le concours de sa publication.

Le temple était obscur, et les splendeurs étaient tout intimes. On officiait, professait, rédigeait et sculptait (car la sculpture a joué un rôle en tout ceci) dans un grand atelier, froid et triste, situé dans un rez-de-chaussée de l'île

Saint-Louis. C'est là que se réunissaient les disciples autour du grabat du Mapah ; c'était l'île de Pathmos de cet illuminé, c'était son Sinaï.

Caillaux, le prophète du Mapah l'assistait, il passait ses jours et ses nuits à modeler des bas-reliefs contenant, en signes hiéroglyphiques, toute l'histoire de sa religion ; il avait symbolisé l'androgynisme, et cette notice n'aurait vraiment tout son intérêt qu'en y joignant la reproduction de l'une de ces tables mystiques qu'on prendra dans cinq cents ans pour des bas-reliefs égyptiens venus de Denderah ou de Louksor. Nous avons fait tous nos efforts pour les retrouver, sans y parvenir, et pourtant, depuis 1844 jusqu'à 1846, le Mapah en inonda Paris. Les députés, les pairs de France, les hauts fonctionnaires et les préfets on recevaient périodiquement des exemplaires, accompagnés de la brochure de *celui qui fut Caillaux :* — l'*Arche de la Nouvelle Alliance*.

Le *Mapah* rédigeait des bulles, des manifestes et des encycliques, et nous possédons une pièce extrêmement curieuse, qui n'est pas du reste unique, et figure dans la collection de quelques amateurs; cette pièce, émanant de Gannau, est datée : « *De notre grabat apostolique;* » c'est le manifeste adressé au pape Grégoire XVI, par lequel le *Mapah* lui annonce son avénement et le prie de renoncer spontanément à la chaire pontificale.

Cette étrange communication, qui a les dimensions d'une brochure et ne peut figurer ici, est conçue dans les termes les plus convenables; il y a par ci par là des récits de visions apocalyptiques d'un haut goût, et la conclusion, énoncée avec la sérénité qui sied à un Dieu, est invraisemblable.

. « Dès que vous aurez pris connaissance de ce
» manifeste, vous tous, fils du doute, qui se-
» mez la tristesse et qui recueillez l'angoisse,
» abandonnez le Vatican, foulez aux pieds la
» tiare, car les prophètes et les monuments se
» sont évanouis comme des ombres ; hier vous
» étiez peut-être la vie, aujourd'hui vous êtes
» la mort. N'évoquez plus le passé et laissez-le
» s'endormir dans la nuit de ses tombeaux et
» dans la poussière de ses solitudes. »

Le sacré Collége tout entier devait fouler aux pieds la pourpre et renoncer aux pompes de l'Église catholique. Si cette étrange communication parvint, comme on l'assure, jusqu'à la Rote suprême, quel sourire de pitié dut plisser les lèvres des Tosti, des Borroméi, des Antonelli! on dut enfouir dans les catacombes des archives l'encyclique du nouveau dieu, côte à côte avec les projets avortés et les délirantes élucubrations des autres dieux de ce temps-là.

Le *Mapah* avait nécessairement dépouillé le vieil homme, il avait laissé croître sa barbe, se coiffait d'un feutre gris, revêtait sa blouse et chaussait des sabots.

Celui qui fut Gannau avait été l'un des plus beaux hommes de son temps; sa tête était restée belle et avait contracté, sous l'empire de la maladie, et par suite des jeûnes et des macérations forcés, une certaine noblesse qui affirmait sa divinité. Le teint était pâle et la face émaciée, le tissu avait pris une transparence ascétique, les yeux s'étaient voilés et le front, qui se dépouillait chaque jour, s'était ennobli en se découvrant.

A force de publicité et de prosélytisme, et peut-être sur la plainte de Mgr l'archevêque de Paris, que Gannau apostrophait chaque fois qu'il en trouvait l'occasion, M. Delessert, le préfet de police, s'inquiéta de cette religion nouvelle, qui n'était pas un danger pour le catholicisme, mais tout au moins un scandale. MM. Zangiacomi et de Belleyme instruisirent un procès, à plusieurs reprises, contre le *Mapah*, qui répondit à ce tribunal préventif comme le Christ avait répondu à ses juges.

Le *Mapah*, au prétoire, défendu par quelque avocat célèbre de l'opposition d'alors, appelant à sa défense les principes humanitaires, évoquant des utopies grandioses et généreuses, des doctrines nouvelles plus pratiques que celle qu'il était chargé de défendre, c'était évidemment un danger pour le gouvernement de Louis-Philippe, parfois attaquable et toujours attaqué : aussi le ministère public renonça-t-il à poursuivre.

La révolution de Février éclata; ces théories purement spéculatives devinrent trop impalpables pour des hommes qui, du jour au lendemain, par ce mouvement de bascule qui s'appelle une révolution, tenaient au moins une heure, de temps à autre, le gouvernail de l'État ; le *Mapah*, qui regardait la révolution comme l'avénement de sa religion, perdit, au contraire, un à un tous ses disciples. Caillaux fut un de ses derniers adeptes.

L.-CH. CAILLAUX

Celui qui fut Caillaux, moins célèbre que Gannau, est, pour qui l'a étudié et a lu ses œuvres : *Gémonies providentielles*, *Macairisme*, et enfin son apocalypse, l'*Arche de la Nouvelle Alliance*, une personnalité plus définie et un rêveur plus enthousiaste que le *Mapah*. — Pourtant Caillaux a toutes les qualités d'un séide, il est soumis, plein de foi, et exécute sans réflexion les ordres que lui donne le dieu ; sa douceur évangélique exclut toute l'initiative il est singulier que Caillaux n'ait été qu'un disciple ; mais des deux hommes, *celui qui fut Gannau et celui qui fut Caillaux*, c'est évidemment le second qui doit occuper le *trône céleste*.....

« Ignores-tu que l'humanité ne vit que dans
» l'avenir ? Qu'importe au présent l'oriflamme
» de Bouvines ? Ensevelissons-le auprès de tes
» ancêtres, immobiles sous leurs monuments ;
» aux hommes du présent, il faut une autre
» bannière.

» Or, je m'en suis allé vers les grèves arides
» que l'Océan blanchit de son écume. Les
» mouettes saluaient de leurs cris sauvages
» les rochers de la côte, et la grande voix de
» la mer était plus douce à mon oreille que
» le langage des hommes..... »

. . . .

En lisant ces strophes, qu'il pourrait croire empruntées à Lamennais ou à Pierre Leroux, tellement elles sont amples et nobles, le lecteur se fera une idée du ton dans lequel est écrite la brochure de Caillaux, l'*Arche de la Nouvelle Alliance*. Une analyse minutieuse de l'œuvre du ministre du *Mapah* serait à coup sûr intéressante, et servirait au moins à donner une idée de l'exaltation de ces deux esprits montés au paroxysme de l'exaltation ; on assisterait à des visions apocalyptiques, à la célébration de mystères tout aussi ténébreux que ceux d'Isis ; on entendrait des hymnes et des imprécations, des *De profundis* et des *Hosanna*; mais, je le répète, cette compilation revient de droit à celui qui écrira l'histoire des *Dieux modernes*. J'essaie seulement de faire revivre un type étrange et d'initier le lecteur à la vie et aux idées d'une doctrine qui fut presque grotesque, mais qui eut son côté élevé.

Écoutez un instant la voix de Caillaux, le sourire s'arrête sur les lèvres, ce n'est pas un croyant vulgaire qui a pu écrire les lignes qui suivent :

« — Il y a cinquante ans, une femme apparut belle entre toutes : elle se nommait Liberté ; elle s'incarna dans un peuple ; ce peuple s'appelait France. — Et sur le front de cette femme s'étendit, comme dans l'antique Éden, un arbre aux rameaux verts, et cet arbre se nomma Arbre de Liberté. Et désormais, France et Liberté ne font plus qu'un seul et même terme, qu'une seule et même idée !

» Et me présentant une harpe suspendue au-dessus de sa couche, il ajouta :

» — Chante, prophète !

» Et voilà ce que m'inspira l'esprit de Dieu :

I

» Pourquoi te lèves-tu avec le soleil, ô France ! ô Liberté ! et pourquoi tes vêtements exhalent-ils une senteur embaumée ? Pourquoi montes-tu dès le matin sur la montagne ?

II

» Est-ce pour voir à l'horizon les faucheurs dans les champs de blé mûr, ou la glaneuse qui se courbe sur les sillons comme un arbrisseau battu par les vents ?

III

» Est-ce pour écouter le chant de l'alouette

ou le murmure du fleuve, ou pour contempler l'aurore, belle comme une vierge aux yeux bleus?

IV

» Si tu te lèves avec le soleil, ô France! ô Liberté! ce n'est pas pour voir à l'horizon les faucheurs dans les champs de blé mûr, ni la glaneuse qui se courbe sur les sillons.

V

» Ce n'est pas pour écouter le chant de l'alouette ou le murmure du fleuve, ni pour contempler l'aurore, belle comme une vierge aux yeux bleus.

VI

» C'est que tu attends ton fiancé; ton fiancé aux mains puissantes, aux lèvres plus roses que le corail des mers d'Ibérie, et au front plus uni que le marbre de Paros.

VII

» Descends de la montagne, ô France! ô Liberté! ce n'est pas là que tu trouveras ton fiancé. Tu le rencontreras dans la cité sainte, au milieu de la multitude.

VIII

» Le voici qui s'avance vers toi, la démarche fière et la poitrine couverte d'un triple airain ; tu lui passes au doigt l'anneau nuptial ; à tes pieds se trouve une couronne tombée dans la fange ; tu la lui places sur le front, et tu le proclames empereur. Ainsi paré, tu le contemples avec orgueil et tu lui dis :

IX

» — Mon fiancé, vous êtes beau comme le premier homme. Otez de dessus mon front mon bonnet phrygien, et remplacez-le par un casque ondoyant ; ceignez mes reins d'une épée flamboyante, et poussez-moi tout armée à travers les nations, afin que j'accomplisse dans la douleur le mystère de l'amour, selon qu'il a été écrit, et que par moi la tête du serpent soit écrasée !

X

» Ce qu'ayant entendu ton fiancé, il répond : « Que ta volonté soit faite, ô France! ô Liberté! » Et il te pousse toute armée, afin que la parole de Dieu soit accomplie.

XI

» Pourquoi ton front est-il si pâle, ô France! ô Liberté! et pourquoi ta blanche tunique est-elle souillée de sueur et de sang? Pourquoi marches-tu péniblement comme une femme en travail?

XII

» C'est que ton fiancé ne te donne pas de relâche et que l'enfantement est proche.

XIII

» Entends-tu à l'horizon le vent qui mugit et la grande voix du fleuve qui se plaint dans sa prison de granit? Entends-tu le gémissement des vagues et le cri des oiseaux de ténèbres? C'est que l'enfantement est proche.

XIV

» Comme au jour de ton départ, ô France ! ô Liberté ! revêts-toi de tes plus beaux habits ; répands sur tes cheveux les plus purs parfums d'Arabie ; vide avec tes disciples la coupe des adieux, et achemine-toi vers ton calvaire, où doit être scellée la délivrance du monde.

XV

» Comment se nomme cette colline que tu gravis au milieu des éclairs ? Cette colline, c'est Waterloo ! Comment se nomme cette plaine toute rouge de ton sang ? C'est la plaine de la Belle-Alliance ! Sois bénie à jamais entre toutes les femmes, entre toutes les nations, ô France ! ô Liberté ! »

Je retrouve dans l'*Arche de la Nouvelle Alliance* un portrait du *Mapah* tracé par son disciple ; c'est le document le plus authentique que nous puissions consulter.

« Je le suivis. et je pus le considérer à loisir :

» c'était un homme du peuple au dos arqué et
» aux membres puissants ; sur sa poitrine flot-
» tait une barbe inculte, et sa tête nue et pres-
» que chauve attestait un long travail et de
» rudes passions. Il marchait, portant sur son
» épaule un sac de plâtre dont le poids cour-
» bait ses reins. Ainsi voûté, il passait à tra-
» vers la foule. »

. . . .

« Et pourtant le maître de cette demeure
» n'avait pas les allures d'un ouvrier vulgaire.
» C'était bien encore l'homme au sac de plâtre,
» à la barbe inculte, à la blouse déchirée, qui
» m'avait abordé d'une façon si inattendue ;
» c'était bien la même puissance de regard, la
» même largeur d'épaules, la même force de
» reins ; seulement, sur ce front sillonné, sur
» ces traits granitiques, sur tout cet ensemble
» indescriptible, planait une majesté sauvage,
» devant laquelle je m'inclinai. »

On se formera, par ces diverses citations,
une juste idée des œuvres de L.-Ch. Caillaux ;
quand on s'est élevé avec lui sur cette montagne du haut de laquelle il entonne d'une

voix prophétique des hymnes au fils du chapelier, c'est vraiment pitié de retomber si bas et de se trouver seul dans l'abîme où on roule brutalement. On doit pourtant remarquer avec étonnement que pas un instant le langage de Caillaux ne devient vulgaire, c'est un enthousiasme qui se maintient toujours au même niveau, c'est une exaltation qui se traduit dans une langue prophétique d'une belle forme.

Celui qui fut Caillaux est le type absolu du dévouement et de la conviction. Le *Mapah* meurt en 1851, en tenant étroitement serrée dans sa main la main de celui qui fut son apôtre sur cette terre ; touchante abnégation, qui honore autant le dieu que son prophète, exemple bien rare d'un dévouement fidèle jusque dans l'abandon et le malheur.

Il se peut que je me trompe ou que je m'exagère la portée de cette étude ; mais, je le répète, ces excentriques sont aussi près du sublime que du grotesque, et, sans le côté malsain de ces pauvres intelligences qui sombrent et s'engloutissent, on serait plus tenté d'admirer que de sourire ou que de plaindre. On croit, en commençant à feuilleter le livre de leur vie, assister à une parade, c'est plutôt un martyrologe qu'on a sous les yeux.

Au moment où cette étude allait paraître, L.-Ch. Caillaux, qui en eut connaissance, envoya à l'auteur des *Célébrités de la Rue* quelques observations sur les doctrines du *Mapah*; l'auteur a cru devoir les accueillir. C'est un document historique d'une haute authenticité, puisqu'il émane de l'auteur de l'*Arche de la Nouvelle Alliance* :

« Château des Anges (Cannes), 15 septembre 1863.

» Gannau ne s'est jamais cru un Dieu.

» Il était sous l'obsession d'un idée qu'il croyait grande; quand j'ai commencé à le connaître, sa pensée était une forêt de l'Inde, et l'expression s'en ressentait.

» De là une foule de locutions bizarres que je n'ai jamais approuvées : Evadah, — évadamisme — Mapah. — Tout cela pour arriver.

en somme, *à l'antichute, et au déisme, renfermant en lui un double principe créateur*.

» Gannau était prodigieusement éloquent, et sa parole immense faisait passer toutes les étrangetés de ses néologismes.

» Quant à sa vie privée, Monsieur, j'ai peu de chose à vous en dire; je ne l'ai connu qu'au moment où il allait dépouiller le vieil homme.

» La première fois que je le vis, il était sur son lit, déjà atteint de la maladie qui l'a emporté, et me fit l'effet d'un halluciné.

» La seconde fois, ce fut à l'Opéra; il me pria de lui acheter un bouquet de violettes (il commençait sa vie de misère).

» Je lui achetai ce bouquet, et je le vis se diriger vers une loge, où il le donna à une charmante femme, c'était la femme dont vous parlez.

» Elle mourut quelque temps après comme vous le dites, mais non pas réellement... Elle mourut dans le cœur de Gannau, qui remplaça cette passion par une plus vaste, la passion de la vérité. Ce bouquet de violettes a été notre trait d'union.

» A partir de ce moment, nous avons vécu de la même vie, dans cet atelier de l'île Saint-Louis dont vous parlez, jusqu'au jour où je le quittai à bout de forces, et après avoir publié *l'Arche*, dont je n'ai plus qu'un exemplaire, et que je vous enverrai, si vous le désirez, en faisant mes réserves.

» Je le quittai... mais il lui restait une Madeleine (Antoinette-Marie), au front plus pur que celui des anges, qui l'a suivi jusqu'à la mort,

» Que vous dirai-je de plus de la vie privée de Gannau ? Rien,— sinon que son existence a été singulière et qu'il était capable de toutes les excentricités...

» Je n'ai donc que peu d'objections à faire sur ce qu'on peut écrire de lui à ce sujet, car s'il revenait, il serait, je pense, le premier à me dire, comme il le disait de son vivant :

« *Qu'importe la loque, pourvu que le jour se fasse sur les tendances du penseur..., du songe-creux, si vous voulez...* »

» Et je ne sépare pas mon songe du sien, car j'ai la conscience d'en avoir agrandi l'envergure et de l'avoir expliqué.

» Je vous envoie quelques pages écrites au courant de la plume. — Ne vous effrayez pas du lyrisme qui y règne, il me serait impossible d'écrire autrement sur un pareil sujet.

» J'espère que vous me comprendrez, et qu'en joignant ces pages au *Credo* que je vous ai transmis, vous verrez, comme je crois le voir même au sein de mes doutes, le passé s'illuminer, et que vous entendrez sourdre du fond des temps une harmonie qui fera faire un point d'orgue à votre pensée.

» Je ne désire rien que la vérité ; j'accepterai donc avec reconnaissance la publicité, si vous jugez à propos de me l'octroyer ; je désire seulement qu'elle soit plus juste et plus sérieuse dans ses appréciations que celle de Dumas.

» Agréez, je vous prie, monsieur, l'assurance de mes meilleurs sentiments et de mes sympathies.

» L.-CH. CAILLAUX. »

SYNTHÈSE RELIGIEUSE.

Dieu, principe toujours agissant de la création tout entière;

Dieu, résumant en lui tous les attributs de la vie;

Dieu qu'on ne peut comprendre que comme l'être procréateur par excellence et dont, à ce point de vue, l'action divine ne saurait se borner à une fonction mâle qui serait inféconde;

Dieu, qui ne se complète que par l'adjonction d'une autre fonction qui lui donne toute sa virtualité créatrice.

Dieu, qu'on est ainsi forcément, logiquement, irrésistiblement conduit à concevoir comme la plus haute expression de l'androgynisme;

Dieu, dis-je, a voulu que l'embryogénie de la planète passât successivement par diverses phases, qui sont :

L'ignéisme, ou période de feu;

Le minéralisme;

Le végétalisme;

L'animalisme ;

Et l'adamisme.

A ces phases correspondent partout, dans l'âme humaine, des phases religieuses identiques, parce que, partout, l'œuvre de Dieu est bonne ;

Parce que tout ce qui procède de l'initiative divine est digne de l'*hosanna* des nations ;

Parce que l'œuvre du Souverain-Maître est adorable dans ses grains de sable comme dans ses Christ. . . . .

. . . .

Aussi, voyez se formuler l'adoration des peuples...

C'est d'abord, dans la nuit des temps, dans les lointains immenses des horizons les plus reculés, le Lingam de l'Inde qui apparaît ; apparition obscène, dira-t-on ! Obscène pour vous qui ne la considérez qu'avec des yeux de chair, mais non pas pour ceux qui la jugent avec les yeux de l'esprit et qui ne voient en elle que le symbole du principe générateur présent partout, agissant partout, du principe divin de qui tout procède. Et dans cette aube des jours religieux, si je m'arrête aux profondeurs... j'entrevois le sabéisme s'agenouillant devant le trépied qui flamboie, et le chaldéisme se prosternant devant les constellations qui l'éclairent et qui lui révèlent la majesté d'un Dieu dont il n'a qu'une idée imparfaite...

Culte du Lingam;

Sabéisme;

Chaldéisme;

Sous quelque forme que se présente l'adoration primitive, elle reflète l'incandescence de ces périodes infinies durant lesquelles la planète roulait à travers l'espace ses vagues en fusion...

Feu et lumière, tout principe est là!

L'instinct des peuples les a poussés, dès l'aube, à s'agenouiller devant le feu, à se prosterner devant la lumière;

L'homme primitif voit Dieu dans le soleil, il le voit dans la flamme du foyer... Il faut des siècles pour que le penseur qui, lui, voit Dieu en dehors de la création et la dirigeant de sa droite toute-puissante, comprenne et fasse

comprendre à ce qui l'entoure que le feu, la lumière, la vie matérielle, sont, non pas Dieu, mais une émanation de son éternité. . . .
. . . .

Puis, voici que des vallées de l'Inde, des plateaux de l'Asie, l'idée religieuse passe à l'antique Égypte, qui personnifie l'Éternel par Isis et par Osiris, et qui, en même temps qu'elle rend ainsi hommage au Dieu créateur, se jette le front dans la poussière devant la pierre du foyer, devant les racines de ses jardins, devant le bœuf de ses champs...

C'est qu'il faut que l'œuvre de Dieu, l'œuvre génésiaque soit saluée dans tous ses modes; c'est que tout est saint, trois fois saint, depuis le ciron jusqu'à Béhémoth, depuis le fraisier des vallées jusqu'au cèdre des montagnes solitaires...

Mais pourquoi l'Égypte se voile-t-elle la face et pourquoi disparaît-elle dans les brumes assombries de son fleuve?

Pourquoi?

Parce que l'idée civilisatrice, la grande idée, a passé de l'Égypte à la Grèce et à Rome.

Dieu se personnifia de nouveau dans Jupiter et dans Junon. Arrière symbolisme de l'Égypte! C'est l'homme dans ses passions matérielles qu'apothéosent, par leurs déités inférieures, Athènes et Rome...

Salut à la matière humaine sortie la dernière du libre arbitre du Créateur; salut à l'argile, avant que nous puissions dire : salut à l'esprit! Car l'esprit ne peut procéder que de la science, et l'initiation étant incomplète, l'esprit est encore dans les limbes...

Voyez, cependant!

Voici qu'il paraît vouloir se dégager du nuage, écoutez cette parole! un homme surgit, il se nomme Platon, il annonce le Verbe...

L'humanité s'inclinait devant la matière qui la compose, elle va s'incliner devant l'esprit qui la vivifie...

Toutes les formes de l'adoration doivent être épuisées...

Elle va s'incliner devant l'esprit, dis-je? oui, voici qu'elle s'incline...

Christ est né!!

Salut à toi, adorable crucifié, âme du monde,

porte du ciel, martyr de l'idéal à sa suprême puissance. Tu venais réagir contre le réalisme païen, sois béni! Tu venais compléter le tableau des adorations successives de l'humanité, sois béni! Tu venais nous apprendre ce que l'âme humaine peut contenir de miséricordes infinies dans ses hautes régions jusqu'alors inexplorées... sublime échelon, sois béni! Oh! laisse-nous baiser tes plaies saignantes, fils de l'humanité en travail d'enfantement, laisse-nous nous prosterner dans la poussière sanglante de ton Golgotha ; car aucun, parmi les fils des hommes, n'a été plus grand, plus miséricordieux, plus intelligent et plus dévoué que toi...

Sois béni!

Mais es-tu le dernier anneau de la chaîne sacrée ? Avec toi la synthèse religieuse est-elle complète ? Es-tu la suprême expression du Dieu vivant qui s'est révélé à nous par les merveilles de ses créations successives ? Nouvel Adam, dois-tu rester isolé dans la pénombre de tes sanctuaires ? Ne te souvient-il plus de l'Éden ? Ne te souvient-il plus que Dieu a fermé le livre de la création en te donnant une compagne chair de ta chair, os de tes os ?

Ne sens-tu pas qu'avec toi elle doit être le dernier terme de l'expression religieuse, comme elle a été le dernier acte de l'œuvre divine ?

Qu'as-tu fait de ton Ève, ô nouvel Adam, ô Christ ? Dois-tu donc rester seul sur le socle immuable de tes autels ? Pour que tu sois la plus haute expression des attributs divins ; pour que la synthèse religieuse soit complète et que dans chacune de ses phases on puisse adorer l'Éternel (l'Éternel qui, dans son unité, renferme un double principe); pour que le livre de la Genèse puisse être clos par un dernier *hosanna* en l'honneur de la dernière création, ne te manque-t-il rien ?...

Nouvel Adam, souviens-toi de ton Ève !

Ce fut elle qui te fit sortir du jardin de délices (dit la légende...).

Bénie soit-elle pour cette initiative de tortures qui devaient se terminer pour toi par le Golgotha ! *Béni* soit le grand fait qu'on a appelé *la chute* ! Sous le faix de tes douleurs inénarrables et de tes pérégrinations éternelles, *tu t'es cru* maudit...

Toi, maudit?

Et pourquoi?

Pour avoir goûté au fruit symbolique de la science du bien et du mal! (dit la légende...)

Mais, sans cette infraction, comment aurais-tu pu concevoir la hauteur de tes destinées?

Sans cette infraction, où donc est ta grandeur? où donc sont tes mérites?

Sans cette infraction, tu restes éternellement sous l'acte de Dieu; tu ignores le bien et le mal; tu ignores l'œuvre divine; car, pour la comprendre, il faut chercher, il faut vivre, il faut souffrir, il faut passer par toutes les épreuves, subir tous les anathèmes, ouïr toutes les incantations...

O nouvel Adam, ô Christ, souviens-toi de ton Ève!

C'est par elle que tu es entré dans la voie de l'initiation douloureuse; c'est par elle, qu'après une vision incomplète de Dieu, vision d'une heure troublée par un orage, tu t'es élancé dans les ténèbres du monde primitif qui ne devaient s'illuminer qu'à la fin des temps...

C'est par elle... — Que n'as-tu pas fait par

elle, ô pionnier de la pensée jeté par sa désobéissance (dit la légende) en pâture à tous les désirs, à toutes les passions, à tous les désespoirs, et aussi à toutes les espérances dont la terre demande compte aux cieux ?

O nouvel Adam, ô Christ, souviens-toi de ton Ève ?

Les temps seront accomplis lorsqu'elle siégera près de toi dans les profondeurs de tes temples ; à elle, la première esclave, à elle le dernier *hosanna* !

Or, le nouvel Adam attend la nouvelle Ève pour que le livre des adorations soit fermé et que la synthèse religieuse soit complète.

Elle viendra... elle est venue !

Ils t'ont bien profanée, ô liberté !

Ils t'ont bien profanée, bien polluée et bien martyrisée dans les campagnes et dans les cités, dans les géhennes et dans les geôles, dans les champs du travail et dans les champs de bataille.

A la fin du dernier siècle, un peuple s'est levé en ton nom, ils l'ont saigné aux quatre membres et ils ont bu son sang.

Ils ont fait de toi un monstre et un épouvantail... et pourtant tu es d'origine céleste, au même titre que l'immortel crucifié.

Chacun de vous représente un des côtés de l'âme humaine :

Christ triomphe par la mansuétude ; toi, par la lutte, ô grande exilée de l'Éden !

Je te salue dans les bas-fonds du passé et sur les hauteurs de l'avenir ; je te salue dans ta résistance, dans tes douleurs et dans tes enfantements...

Ève — Liberté !

N'es-tu pas toujours la même femme, comme Adam — Christ

Est le même homme ?

N'êtes-vous pas tous deux le symbole de l'humanité, qui s'initie dans tous ses modes et sous toutes ses faces ?

Et l'arbre de l'Éden n'est-il pas l'arbre de Liberté ?

Qu'est-ce que l'arbre de Liberté, sinon l'arbre de la science ?... de la vraie science ?...

Je te salue, mythe sublime destiné à t'incarner dans l'âme des peuples qui ont soif de justice et de vérité !

Fais-toi chair, afin que le règne de Dieu arrive, et que soit accomplie la légende mystérieuse suivant laquelle l'humanité, en travail d'enfantement, après avoir salué Dieu dans toutes les créations cosmogoniques préexistantes à elle-même, le bénira à la fin des temps, et dans les siècles des siècles,

En Christ,

Et en liberté.

Dernier terme de l'évocation génésiaque; dernier symbole de l'unité divine,

De l'unité dans la dualité !

Ainsi soit-il !

Hosanna !

MIETTE

D'après une esquisse peinte communiquée par M. Champfleury.

MIETTE

PHYSICIEN

N éprouve quelque embarras à établir l'identité du sieur Miette.

L'escamoteur a-t-il fait souche ou l'ingénieux rival de Pinetti, décrit en 1811 par Gouriet, n'est-il autre que celui dont M. Champfleury a écrit la biographie dans son volume *les Excentriques* ?

C'est une question qui sera résolue dans le courant de cette étude.

Miette s'installait sur le quai des Augustins, à quelques pas du Pont-Neuf, d'où la police venait de chasser les bateleurs et industriels de tout genre pour laisser à la plate-forme sa régularité architecturale. Le Directeur de la police de la Restauration trouvait que ces messieurs faisaient tache à côté du beau bronze tout neuf d'Henri IV, et Miette devint une victime politique.

Miette cumulait; quoiqu'il fût véritablement physicien ou plutôt escamoteur, il s'était un peu adonné à l'*orviétan*, et sa poudre persane a été tellement célèbre, que beaucoup de gens ne le connaissent pas comme un physicien distingué. Ce qui le recommande et fait de lui un type assez curieux, c'est sa facilité d'élocution, l'élégance et l'abondance de son langage.

Miette domine son auditoire, il le fascine, il est maître de ses effets, et son public, docile à subir l'impression, l'aime comme les foules se mettent à aimer.

La mise en scène ne joue pas un grand rôle dans les exercices de Miette : une table recouverte d'un tapis traînant jusqu'à terre, afin, probablement, de cacher les dessous et double fonds, quelques gobelets, des dés, des balles, des pompons, des muscades et diverses porcelaines.

M. Champfleury a bien voulu me communiquer une peinture à l'huile, portrait de Miette d'après nature fait par un artiste naïf. Le physicien est petit, son dos est voûté et les jambes sont grêles. La tête est forte et le cou apoplectique ; l'œil est très-vif, mais les paupières ont perdu leur flexibilité, et Miette est obligé de rejeter la tête en arrière pour regarder. L'escamoteur est vêtu d'une petite veste d'artilleur, dont il a coupé les bras afin d'avoir toute sa liberté de mouvement ; autour de la taille s'attache, retombant sur le ventre, un sac destiné à contenir les différents objets qui lui servent à l'escamotage, c'est ce qu'on appelle vulgairement *le sac à la malice*.

Les exercices de Miette sont assez variés; il prélude par une espèce de parade, et il est, avant le Grimacier, le Frise-Poulet et bien d'autres imitateurs, l'inventeur des vingt ou trente transformations du chapeau qui devient verre, bouteille, vaisseau, galette, etc.

C'est encore à M. Champfleury que j'emprunte tout entier le discours que Miette débite à son auditoire, en lui demandant pardon de la liberté que je prends, mais il me faut de l'authentique à tout prix.

Or, l'auteur des *Excentriques* a de bonnes raisons pour connaître Miette, puisqu'il a vécu sur le quai des Augustins, où l'escamoteur n'a jamais manqué de venir s'installer pendant vingt-cinq ans.

Miette, en commençant ses tours et tout en préparant sur sa table les divers accessoires dont il allait avoir besoin, commençait ainsi :

« Je ne vous dirai pas que je suis l'élève de mademoiselle Lenormand, mademoiselle Lenormand n'a jamais fait d'élèves. Je ne vous dirai pas que je suis le gendre ou le successeur du célèbre Moreau, *mossieu* Moreau n'a jamais eu de gendre ni de successeur. Mais qu'es-tu donc alors? Messieurs, je n'emprunte le nom à personne, je me nomme du mien, je suis MIETTE, l'un des sept fils du dragon de Paris. Feu mon père était escamoteur, mon frère était escamoteur, je suis escamoteur. Je demeure rue Dauphine, n° 12, maison du marchand de vins, ce qui ne veut pas dire que je demeure chez le marchand de vins, c'est au contraire le marchand de vins qui demeure chez moi... J'ai travaillé trois fois devant l'ambassadeur de Perse ; mais je ne me targuerai pas de ce vain titre pour vous dire que c'est l'ambassadeur de Perse qui m'a découvert le secret de la POUDRE PERSANE... Il ne m'a jamais parlé... D'ailleurs l'eût-il fait, je ne l'eusse pas compris, car il m'eût parlé persan, et, je l'avoue à ma honte, je n'ai point étudié les langues orientales ; mais ce fut un des officiers de sa maison, mossieu *Ugène* BARRRBARRROUX... Curieux d'apprendre à faire des tours, il m'en demanda et je les lui démontrai. C'était un élève agréable... Il ne me payait pas avec des pommes de terre *(Miette tire des pommes de terre de dessous les gobelets)*, et voici des pommes de terre. Il ne vous tirait pas des carottes *(il fait surgir une carotte)*, et voici des carottes; mais il y avait de l'ognon *(même jeu)*, et voici de l'ognon; aussi me faisait-il des compliments. Il me disait : *Mossieu* Miette, pour les tours de passe-passe et de gobelets, à vous le pompon *(il montre un pompon)*, et voici le pompon! J'en étais donc très-content, aussi vrai que voici la petite balle *(il escamote une petite balle)*, la moyenne balle *(même jeu)*, et leur camarade la grosse balle *(même jeu)*. Un jour, je me présentai chez lui; il était en train de se nettoyer les dents. Cela ne m'étonna pas, la propreté de la bouche étant de tous les âges et de toutes les nations; mais ce qui m'étonna, c'est ce qui va vous surprendre, c'est ce que, depuis trente-cinq ans que j'exerce sur cette place, je n'ai point encore vu ailleurs... La poudre dont il se servait était blanche comme de la neige *(il ouvre une boîte et la montre en faisant le tour du cercle)*; à peine introduite dans la *boche*, elle devenait cramoisie comme de la lie de vin *(Il introduit dans sa bouche un linge frotté de poudre persane, s'en frotte les dents et fait le tour du cercle en montrant au public le linge devenu rouge. Il tient aussi la bouche ouverte de manière à faire voir ses dents).* Voici, je l'espère, du cramoisi *(Il remet la boîte en place).* Curieux de ce phénomène, je m'en informai, et je l'ai gardé pour moi... Voilà tout mon talent. Tant que l'ambassade de Perse resta en France, je ne parlai plus à personne ; une fois qu'elle en fut partie, je me présentai à l'Académie *rrroyale* de MÉ-DE-CINE, j'exposai ma recette et j'obtins mon brevet, ce n'est pas plus malin que ça... La POUDRE PERSANE, messieurs, n'a que cinq propriétés, mais elles sont irrécusables *(pause).* Elle blanchit en deux minutes, montre en main, les dents les plus noires *(pause).* Elle calme à l'instant la douleur de dents la plus vive *(pause).* Elle corrige la mauvaise haleine, toutes fois et *quantes* la mauvaise haleine n'est point le produit de la putréfaction de l'estomac *(pause).* Elle raffermit les dents ébranlées dans leurs alvéoles, en arrête la carie, en arrête le tartre et le tuf *(pause).* Les dents sont un des agréments de la physionomie… Une bouche qui est démeublée n'en offre plus, et pourtant les dentistes vous les arrachent. L'homme le plus hardi tremble à la vue des instruments qu'il faut introduire dans la *boche* pour opérer l'extraction de la dent la plus simple. *(A ce moment, Miette déroulait une trousse de dentiste dans laquelle se trouvaient des instruments énormes et rouillés, espèce de tire-bottes monstrueux qui faisaient frissonner l'auditoire ; Miette se plaisait à prolonger la terreur en gardant le silence le plus complet, en promenant ces appareils de terreur devant toutes les bouches des curieux, qui se fermaient instinctivement).* Me direz-vous que vous voyez entrer ces instruments de sang-froid dans la *boche ?* *(Nouvelle promenade autour du cercle avec la terrible trousse).* Non. Eh bien ! gardons les ornements que la nature nous a départis, sans nous livrer aux mains barbares des opérateurs. La POUDRE PERSANE nous épargne ces désagréments, et voici la manière de s'en servir : Vous prenez un linge blanc, de lessive, que vous enroulez autour du doigt comme ceci *(il opère en même temps et montre chaque exercice à la ronde)*; vous le trempez dans l'eau, l'appliquez sur la BOATTE, l'introduisez dans la *boche* et vous frottez les dents avec... puis vous prenez une gorgée et vous rincez *(il l'avale; marques d'étonnement).* Comment, quoi, c....., tu l'avales? Oui, messieurs, la POUDRE PERSANE laisse dans la *boche* une odeur si suave, si exquise, si agréable, que je ne suis pas assez ennemi de mon estomac pour l'en priver volontairement... Avec toutes ces qualités, la POUDRE PERSANE coûtera donc bien cher? Non, messieurs, nous l'avons mise à la portée de toutes les bourses. Il y a des *boâtes* de un franc cinquante centimes ou trente sous *(pause)*. Il y a des *boâtes* de un franc ou vingt sous, qui sont les deux tiers des *boâtes* de trente *(pause)*. Il y a des *boâtes* de soixante et quinze centimes ou quinze sous, qui sont les deux tiers des *boâtes* de vingt et la moitié des *boâtes* de trente *(pause)*. Il y a des *boâtes* de cinquante centimes ou dix sous, qui sont les deux tiers des *boâtes* de quinze, la moitié des *boâtes* de vingt et le tiers des *boâtes* de trente *(longue pause)*. Enfin, messieurs, il y a des *boâtes*, dites *boâtes* d'essai ou d'épreuve, et que je ne vends que dix centimes ou deux sous. Messieurs, si la POUDRE PERSANE n'a pas rendu blanches en deux minutes, montre en main, les dents les plus noires... si elle n'a point arrêté la carie... si elle n'a point enlevé le tartre et le tuf... si elle n'a point corrigé la mauvaise haleine, toutefois pourtant que la mauvaise haleine ne provient pas de la putréfaction de l'estomac... si elle n'a point raffermi les dents dans leurs alvéoles, rendu leur couleur naturelle aux gencives... si elle n'a point enfin calmé en un clin d'œil la douleur de dents la plus vive, entrez dans ce cercle, démentez-moi, traitez-moi de fourbe et d'imposteur, prenez mon ordonnance, déchirez-la et jetez-m'en les morceaux à la figure... Au cas contraire, dites-le à vos amis et connaissances, et rendez-moi justice? »

On remarquera au commencement de ce discours un détail qui jette un éclaircissement sur la question que nous nous sommes posée en tête de ce chapitre, Miette a dit: « Feu mon père était escamoteur. » Le Miette de *Gouriet*, qui exerça de 1796 à 1820, n'était donc autre que le père de notre héros ; il commençait déjà à acquérir quelque réputation, et ouvrait, en 1805, un cabinet ambulant rue de Madame. D'une grande habileté, il exécutait déjà les tours que nous avons vus depuis chez Chevalier, Philippe et autres ; il empruntait les montres, qu'il pilait dans des mortiers ; faisait des omelettes dans les chapeaux et coupait les basques des habits.

Miette, le fils, avait restreint ses exercices ; il n'était plus question d'instruments de physique, de cabinet ambulant orné d'une scène et de banquettes, sur lesquelles venaient s'asseoir les belles dames de l'Empire et les brillants officiers : une table, un panier, quelques gobelets, des pompons, des dés et des muscades faisaient tous les frais.

Miette est mort en 1855 ; il ne m'eût pas pardonné, de son vivant, d'oublier madame Miette, qui s'associa à son sort pendant trente-cinq ans ; elle portait un immense chapeau de paille dont les bords de devant, très-rabattus, lui cachaient le visage, et se livrait silencieusement au raccommodage des porcelaines, sans jamais s'étonner des lazzis de l'escamoteur, prenant toujours le même intérêt à ses exercices. Miette habitait rue Dauphine, n° 12, et recevait avec une certaine dignité tous les artistes, littérateurs et flâneurs qui, attirés par cette grande réputation, brûlaient du désir de voir l'escamoteur dans sa vie privée.

Quand une célébrité de la rue disparaît, on voit généralement surgir un industriel qui tente de recueillir son héritage. Le nouveau venu prend la place, le costume, les exercices et *une part de la popularité* du défunt. Les flâneurs qui ont leurs étapes marquées s'arrêtent involontairement, car le vrai Parisien ne se console pas facilement de voir inoccupée telle ou telle station où s'agitait un pitre bariolé qui l'amusait et servait d'étape à sa flânerie.

Miette n'a pas été remplacé, c'est le plus grand éloge que je puisse faire de lui.

CARNEVALE

D'après le portrait de Deveria (Cabinet des Estampes).

CARNEVALE

ARNEVALE n'est pas, à proprement parler, un homme de la rue; il est né, c'est une physionomie particulière et connue dans les rues de Paris, et c'est à ce titre qu'il figure dans cette galerie. Mais afin de ne pas offenser son

ombre, qui pourrait s'irriter de se trouver confondue dans la foule des bateleurs, des marchands d'orviétan et des musiciens ambulants, j'adopte en sa faveur une classification, et je le range parmi les *originaux célèbres*.

Il se trouvera, du reste, en noble compagnie : je puis vous présenter un prince, le *Persan ;* un savant orientaliste, *Kasangian*, l'*Arménien* de la Bibliothèque; un philosophe apôtre de l'humanité, ce pauvre *Jean Journet*, une des plus grandes convictions de ce temps-ci.

Avant tous ceux-ci, M. de Saint-Cricq a déjà figuré ici ; j'ai raconté toutes les excentricités qui l'ont rendu célèbre. J'ai dû évoquer le souvenir de cet aimable Parisien, au risque de blesser quelques susceptibilités, justes peut-être ; mais il importe de ne pas laisser de lacunes dans cette galerie. On verra que je respecte la mémoire de mes héros ; je les aime tels qu'ils sont, leur excentricité m'est chère.

Les Parisiens appelaient Carnevale *Carnaval*, supprimant la désinence italienne et altérant le vrai nom, qui est celui d'une bonne famille napolitaine.

Le père de Carnevale vivait encore en 1835, et habitait Castellamare avec son autre fils, devenu un abbé distingué et dont l'éloquence était célèbre à Naples. Carnevale a fait son apparition à Paris vers 1832; il venait faire partie de cette colonie d'épicuriens qui abandonnent volontiers Rome, Naples, Florence et Parme pour le boulevard des Italiens, et parmi lesquels on compte aujourd'hui quelques illustrations: Palizzi, Fiorentino, Pasini, le comte Gabrielli, le marquis Raymondi, le pauvre duc de Terra-Nova, tué en duel à vingt ans; M. de San-Severo, les Tamburini, etc., etc.; beaucoup d'autres désœuvrés, riches, aimables, amis du plaisir, dont le quartier général se tient au *Café Napolitain*.

Carnevale est une vraie célébrité. Deveria a laissé de lui un portrait monumental, une grande lithographie qui est une œuvre d'art d'un haut mérite. Champfleury a écrit son histoire; Fiorentino, récemment encore, lui a consacré un feuilleton au *Moniteur*, et il a largement défrayé le petit journalisme de son époque.

Je suis fâché d'ôter une illusion à mes contemporains, mais j'affirme que c'est à tort qu'on a voulu faire de Carnevale un élégiaque ; on a cherché à expliquer sa monomanie en lui donnant une cause sentimentale ; mais il résulte de tous les documents que j'ai recueillis que *le maître d'italien* (comme on l'a appelé plus tard) s'était imposé un rôle qu'il a joué jusqu'au bout.

Je ne vais pas jusqu'à nier que Carnevale ait joui de tout son bon sens et qu'il n'ait pas été possédé d'une innocente manie ; on ne porte pas impunément des habits rouges ou verts, bleus ou roses; on ne varie pas les couleurs de ses costumes suivant les caprices du ciel; on ne décore pas sa poitrine d'ordres apocryphes et de cordons multicolores; on ne se coiffe pas, enfin, de chapeaux étranges couronnés de fleurs, sans que les facultés mentales soient un peu affaiblies, et ce parti pris d'étrangeté a évidemment sa source dans un désordre profond des idées ; mais Carnevale, après avoir vécu à Paris d'une vie de privations et de luttes, avait senti le besoin de se singulariser et d'afficher une complète *inoffensivité*.

Il donnait des leçons d'italien, et ses élèves étaient rares ; il comprit qu'il fallait à toute force être connu de tous, et pour cela frapper les yeux de la foule par des excentricités qui, n'entachant en rien sa probité et son caractère, pouvaient lui donner accès partout. Il se fit l'inoffensif Triboulet du boulevard des Italiens; sa douceur, la culture de son esprit, un certain mystère qui planait sur toute sa personne, lui attachèrent ses compatriotes d'abord, et bientôt tous les Parisiens.

Un jour donc, on le vit paraître sur les boulevards coiffé d'un chapeau à côtes de melon et à larges bords, couronné de fleurs artificielles ; des rubans bleus et jaunes, larges de trois doigts, flottaient autour de son cou, retenant quelques médailles qui simulaient des ordres ; sa veste était écarlate, son pantalon de même couleur ; les pieds, qu'il avait énormes malgré sa petite taille, étaient chaussés de souliers blancs. On s'ameuta, on le suivit ; il entra à la Bibliothèque royale, où il était connu depuis longtemps. Les conservateurs, qui le voyaient venir de longue date et lui passaient mille fantaisies singulières, le laissèrent entrer d'un commun accord; on continua, comme par le passé, à lui donner les livres qu'il demandait. Le lendemain, il revint, la foule était encore considérable; le surlendemain, le ciel était couvert, le temps était gris, Carnevale parut complétement habillé d'un vêtement couleur café au lait. Petit à petit, les passants s'habituèrent à la vue de l'excentrique, et, plus tard, il était de mauvais goût de s'étonner de l'apparition, au milieu d'un groupe, de cet étranger vêtu d'une façon singulière.

Carnevale avait de nombreuses relations dans la colonie italienne de Paris; il obtint, par quelques amis, de donner des leçons dans des familles; une fois acceptée sa manière d'être, il était sensé et causait agréablement; c'était un esprit sérieux, très au courant de la littérature de son pays, il connaissait même assez bien les auteurs français, anciens et modernes, et tenait tête à tous les artistes, qui l'accueillaient volontiers et se faisaient une gloire de le connaître et même de paraître en public avec lui.

Madame Rossi, la chanteuse, le chargea d'enseigner l'italien à sa famille, et son couvert était mis chez elle tous les samedis. Il avait, dans presque tous les centres italiens de Paris, un point de repère et un dîner pour sa semaine, aussi vivait-il presque constamment hors de chez lui. Il avait même de temps à autre son couvert à l'ambassade de Toscane ; et comme il était fin gourmet et très-expert en l'art de choisir le poisson, on ne donnait jamais un dîner chez Lablache, ou chez Tamburini, ou chez le comte P....i, sans qu'il se chargeât d'aller lui-même à la halle choisir une pièce présentable.

Les dames de la halle le connaissaient et le choyaient ; aussi jamais ne fut-il trompé sur l'excellence d'un turbot, d'une truite ou d'une barbue.

Je ne sais qui le présenta chez le duc de Montmorency, toujours est-il qu'il enseignait l'italien à la fille de M. le comte de Sainte-Aldegonde, parent de ce dernier, et qui habitait avec lui. Ce fut encore pour Carnevale un foyer ouvert où il fut reçu sans façon, comme l'ami de la maison.

Ce qui donna cours à cette opinion que le maître d'italien était fou, ou tout au moins monomane, c'est qu'il parlait souvent seul, faisant les demandes et les réponses, et se donnant pour interlocuteurs les personnages célèbres qui avaient vécu à la fin du XVIIIe siècle, ou au commencement du XIXe. Il est remarquable que jamais Carnevale n'eut la prétention de connaître une illustration qui eût vécu avant la seconde moitié du XVIIIe siècle.

Je me demande encore aujourd'hui, après avoir vécu dans l'intimité de mon héros par des relations et des conversations suivies avec les diverses personnes qui l'ont connu, si le spiritisme de Carnevale n'était pas une mystification bien organisée, ou si réellement, dans le désordre de ses idées, il s'imaginait s'entretenir avec les morts illustres.

« Je viens de rencontrer madame Malibran, disait-il au premier ami qui venait à lui sur les boulevards (et cela quand la mort de madame Malibran avait produit une grande sensation); elle m'a chargé de dire à Bellini de se soigner. » Et il racontait longuement sa conversation. Un autre jour, c'était Napoléon, Marie-Louise, M. de Talleyrand, etc.

M. Champfleury publia un article sur Carnevale dans *la Rue de Paris*, et il y avait cité les morts les plus célèbres avec lesquels Carnevale s'entretenait le plus souvent; Carnevale, reconnaissant de cette *réclame*, qui flattait son amour-propre et attirait encore l'attention sur lui, vint rendre une visite à l'écrivain et lui fit observer qu'il avait oublié M. de Voltaire, qui était un de ses meilleurs amis, et qui ne passait jamais devant lui sans l'honorer d'un entretien familier.

Quand Donizetti venait à Paris, il y passait une saison, et, pendant tout le temps que ses répétitions le retenaient, il vivait installé chez une charmante femme, madame de C..., sa maîtresse; il y recevait ses amis, et Carnevale était encore du nombre. Il fut aussi l'ami de Bellini, et l'auteur de *la Norma*, attaqué déjà de cette affection pulmonaire qui devait l'emporter à trente-trois ans, avait quelque plaisir à converser avec Carnevale, qui, je le répète, jouissait de tout son bon sens, et, dans l'intimité, était un homme de bon conseil, dont la société était recherchée pour les qualités réelles de son cœur et l'ornement de son esprit.

Je me suis souvent demandé quelle était la nature des travaux auxquels se livrait Carnevale, lorsqu'il passait régulièrement, chaque jour, de longues heures à la Bibliothèque, et j'ai acquis la certitude que ce qu'il appelait ses *études historiques* se résumaient à des copies consciencieuses des érotiques. Par une condescendance ultra-réglementaire, on lui communiquait l'*Arétin* qu'il demandait, et il colportait même ces copies, les montrant à ceux avec lesquels il n'avait que des relations peu suivies ; il eût craint que, chargé d'instruire la jeunesse, cette fréquentation habituelle d'auteurs peu propres à la former, connue de ses clients, nuisît à ses intérêts.

Carnevale développait, à qui voulait l'entendre, sa théorie des couleurs ; il engageait doucement ses amis à se vêtir de rouge, protestant avec énergie contre ces vilains habits noirs qui ont la plus funeste influence sur le caractère.

« Rien de plus simple, disait-il : — vous vous levez radieux, le soleil entre à pleins rayons dans votre chambre à coucher et joue sur votre tapis, — vous mettez votre habit rouge. — Le temps est gris, et vous vous levez soucieux et chagrin, vous revêtez l'habit jaune. — Il pleut, vous êtes triste, noir, insupportable à vous-même et aux autres, — prenez votre habit café au lait. — Et croyez qu'il y aurait à cela un énorme avantage ; du plus loin que vos amis vous apercevraient, ils sauraient le vent qui souffle et de quelle humeur vous êtes ; aussi vous aborderaient-ils en conséquence. — C'est le véritable moyen d'éviter les fâcheux. »

Il mettait à profit cette théorie, et voici comment il l'appliquait à l'éducation : Une de ses élèves avait-elle récité sa leçon sans faute, il la récompensait en mettant à la leçon suivante son bel habit rouge ; un mauvais devoir était puni par l'exhibition de l'habit café au lait.

Carnevale habitait rue Royale; il occupait deux chambres sur la cour, et le concierge qui trônait autrefois dans la loge du n° 10, aujourd'hui rentier aux environs de Paris, assure que la seconde de ces chambres, meublée seulement de porte-manteaux, contenait plus de soixante vêtements complets, dont quelques-uns très-élégants et soignés; cette salle renfermait aussi ses chapeaux et les mille parures de stras, de perles fausses, de fleurs artificielles et autres menus bijoux que les femmes lui donnaient volontiers. Du reste, il ne permettait à personne de pénétrer dans son magasin de costumes.

Carnevale était venu à Paris en 1826. Je me souviens de l'avoir vu souvent sur les boulevards, alors que j'étais enfant, depuis 1840 jusqu'à 1848. Il était vêtu d'une veste bleue, il portait autour du cou un large ruban de même couleur; son chapeau, décoré de fleurs, affectait la forme d'un demi-melon auquel un rapin malicieux aurait ajouté des bords surnaturels; il portait toujours sous le bras une liasse de livres.

Les Parisiens étaient si habitués à Carnevale,

qu'il allait et venait, se mêlait aux groupes sans qu'on fît attention à lui. Dilettante, comme tous les Italiens, il entrait volontiers chez les éditeurs de musique et causait longuement des choses et des hommes du monde lyrique, il était très au courant; et, bien souvent, revêtu de son plus bel habit et caché dans le fond d'une loge des Italiens, il applaudissait ses amis Lablache, Ronconi, Tamburini et autres.

Carnevale, le plus excentrique de cette galerie par son costume, est un véritable épicurien qui a descendu paisiblement le fleuve de la vie, sans orages ni secousses. Son portrait, qui accompagne cette notice, est l'exacte reproduction de la belle lithographie de Deveria, qui existe au cabinet des estampes. Cette œuvre, exécutée d'après nature, n'a pas toute la fidélité qu'on est en droit d'attendre d'un portrait fait dans de pareilles conditions par un artiste comme Deveria. J'imagine que Carnevale, touché de l'honneur que lui faisait le peintre, aura voulu déployer un luxe insolite; de là cette robe ornée de fourrures, qui fait ressembler le maître d'italien à un magnat ou à un doge;

nous sommes tout dérouté et ne retrouvons pas notre Carnevale sous ce costume. Pourtant, comme c'est un document sérieux et incontestable, nous le publions et le préférons au portrait populaire, qui n'a ni l'ampleur ni la majesté de l'autre, mais qui eût rappelé du moins le type que tous les Parisiens qui ont aujourd'hui quarante ans et moins ont coudoyé dans les rues.

JEAN JOURNET

D'après le portrait de Nadar et la composition de Courbet.

JEAN JOURNET

E n'aurais pas tenté d'esquisser la vie de l'Apôtre si je n'avais eu à y joindre, comme document, un portrait bien authentique.

M. Champfleury, dans ses *Excentriques* (1),

(1) Un vol. in-18. Michel Lévy, 1863.

a fait une étude sérieuse sur Jean Journet et je n'ai, après lui, que bien peu de choses nouvelles à apprendre au lecteur. Je me contente de résumer le travail de cet écrivain, en y ajoutant ce que j'ai recueilli de la bouche même de ceux qui l'ont connu.

L'Apôtre est vraiment un homme de la rue, et plus justement encore on pourrait l'appeler l'homme de la grande route, car sa vie fut un sublime vagabondage; il parcourait les champs et les villes, jetant à pleines mains ce qu'il croyait être la semence divine ; il m'appartient donc, et en consignant ici le résultat des travaux de M. Champfleury, joint aux nouveaux documents que j'apporte, je rends hommage à la sincérité de son étude et à l'authenticité de ses documents.

Journet est né à Carcassonne, en 1799 ; il fit tant bien que mal ses études au lycée de cette ville et entra à Paris le jour où il avait vingt ans. Il vivait avec la jeunesse turbulente, qui supportait impatiemment le retour des Bourbons; il s'affilia aux carbonari et fut admis dans la vente de Washington. Les carbonari furent traqués et incarcérés; Journet s'échappa, passa en Espagne, où il prit part à la guerre de l'Indépendance, et retrouva dans la légion française Armand Carrel et Joubert, qui, comme lui, fuyaient la justice du roi.

Fait prisonnier à l'affaire de Hiez et Hiado, il fut ramené en France et enfermé au Castillet, la prison d'État de Perpignan; après deux années de souffrances, il parut devant le tribunal, qui, prenant en considération sa longue prévention, le rendit à la liberté.

Journet qui, en quelques années, venait d'échapper plusieurs fois à la mort, rentra dans sa famille et s'établit pharmacien à Limoux; il se maria et partagea sa vie entre l'étude et les soins de sa profession; c'était une nature ardente, désireuse d'apprendre et de connaître; il s'exaltait aux mots de justice et de droit; il supportait assez difficilement la vie de province; l'absence absolue d'échange d'idées le forçait à se livrer à une constante étude. Un jour, les œuvres de Fourier lui tombèrent sous la main: ce fut une révélation; il questionnait tous ceux qu'il rencontrait au sujet des doctrines nouvelles ; abandonnant souvent Limoux, sa résidence, pour Carcassonne, il développait dans les divers centres de réunion les théories qu'il venait d'étudier.

Obsédé, n'y tenant plus, il abandonne sa famille et vient à Paris ; il interroge le premier venu et va frapper à la porte de Fourier. Le maître, triste et chagrin, le reçoit dans un taudis mal éclairé, à peine meublé, sans feu, et, dans une longue conversation avec son nouvel adepte, lui fait entrevoir tout un monde de déceptions.

Ce dut être un curieux spectacle que cette première entrevue.

Il me semble voir le chef de l'école fouriériste, sa belle tête pâle, ses cheveux blancs, son geste noble et large. J'entends sa parole prophétique : il enseigne à ce jeune homme impatient à supporter les épreuves qui sont le lot des novateurs. Jean Journet l'écoute haletant et voudrait, disciple enthousiaste, apporter son tribut de douleurs et de persécutions aux doctrines nouvelles.

Journet revient au milieu des siens et se livre

plus que jamais à l'étude des œuvres de Fourier ; le rêve qu'il poursuit désormais, c'est la réalisation du phalanstère ; il regarde toujours l'horizon ; il attend le moment solennel.

Fourier meurt, triste et isolé ; son école est fondée, mais la réalisation se fait attendre. Journet revient à Paris ; excessif et violent, il fait irruption chez Considerant et ne cesse de demander ce qu'on a fait pour *la réalisation* que le monde attend.

La Démocratie pacifique fondée, un organe assuré à l'école fouriériste, les adhérents poursuivent leur but trop lentement, au gré de Journet ; il se déclare *apôtre* et va prêcher la vérité ; il écrira les préceptes de la nouvelle loi, il les imprimera et inondera Paris de brochures.

A partir de ce moment, dans les cercles, dans les cafés, sur les places publiques, dans les bals, dans les théâtres, partout où va la foule, on rencontre Journet qui pérore, une brochure à la main. Ses poches sont bourrées d'exemplaires ; il voulait les vendre, il les donne et se ruine : *Prenez, c'est le pain de vie!*

Le 8 mars 1841, pendant un entr'acte de la représentation de *Robert le Diable*, à l'Opéra, il se rend au foyer et distribue ses brochures; puis il s'installe dans les couloirs et force tous les spectateurs à prendre ses exemplaires. On l'arrête; il est amené devant le commissaire, et la réponse qu'il fait au magistrat est telle que celui-ci croit avoir affaire à un fou ou à un mystificateur. On en réfère au préfet de police, qui se fait présenter les brochures saisies, les lit et déclare en son âme et conscience que l'Apôtre est fou; on le fait monter dans une voiture cellulaire, côte à côte avec une aliénée; ils descendent au Parvis Notre-Dame. Les médecins étaient réunis; ils rendent un verdict de folie, et la folle est dirigée sur la Salpêtrière, tandis que Journet est conduit à Bicêtre.

Si plus tard Jean Journet devint fou, ce que je crois, il n'était encore qu'exalté par les doctrines fouriéristes; ce dut être un horrible supplice que cet internement au milieu de fous, d'idiots et d'épileptiques. Il s'armait de résignation et se recueillait pour demander le plus raisonnablement possible à conférer avec les médecins et le directeur; tous ses efforts se brisèrent devant la même réponse : « *Tous nos fous demandent la même chose.* » C'était à perdre la raison.

Il n'y a, je le crois, rien d'exagéré dans le récit que Jean Journet a fait des souffrances qu'il a endurées dans la brochure intitulée : *Cris et Soupirs.*

L'admission est une cour plantée d'arbres, précédée d'une forte muraille et terminée par une grille solide, élevée. A droite et à gauche sont des loges destinées chacune à une seule personne. Quatre pavillons, dont deux sont occupés par les malades, symétrient cette habitation. Chacun des deux pavillons contient six lits, trois au rez-de-chaussée, trois au premier et unique étage, communiquant par un escalier rapide et étroit.

En entrant dans la cour, je la trouvai peuplée de presque tous ses habitants, livrés à ces habitudes qui pénètrent d'une si profonde mélancolie les personnes qui ne font que visiter, même un instant, ces infortunés devant former dès lors mon unique société. Le lit n° 1 me fut assigné. Le n° 2 était dans la cour ; le n° 3 gisait lié dans son lit, s'étant la veille grièvement blessé à la tête et aux genoux dans un accès de frénésie. Je sortis, je m'aventurai avec précaution dans un coin, et, immobile, je m'exposai aux douces influences du soleil ; il faisait un temps magnifique. Peu d'instants après, plusieurs visiteurs, précédés et suivis des infirmiers, accompagnés des agents de surveillance, vinrent visiter l'établissement. J'avais tracé quelques mots à la hâte, espérant donner de mes nouvelles à mes amis. Je m'avançai mystérieusement vers l'un des visiteurs pour le charger de ma commission ; mais, malgré mes signes, il s'éloigna épouvanté. Il était inutile et imprudent d'insister ; je fus attendre avec résignation le moment que je redoutais le plus, le coucher. Il arriva. Les infirmiers me rassurèrent un peu en me disant que, la nuit, il était rare qu'il y eût autre chose que du bruit ; en effet, les gémissements, les rugissements, les convulsions me tinrent en émoi pendant de longues heures.

Il y avait peu de temps que je m'étais assoupi, lorsque la cloche et les tiraillements du garde de nuit m'arrachèrent à mon engourdissement ; le médecin devait paraître, il m'avait promis de lire entièrement mes œuvres ; j'avais préparé mille argumentations qui, développées avec chaleur et dignité, devaient nécessairement, selon moi, triompher de ses préventions.

Nouvel interrogatoire. Journet veut discuter ; il froisse le médecin, qui déclare que la préoccupation de la régénération sociale a complétement tourné la tête du pensionnaire, et qu'il faut le soumettre à un régime énergique. On lui administre force lavements à l'*assa-fœtida!* Lors de la seconde visite, Journet, prostré, abattu, dans un état d'extrême faiblesse, ne put répondre aux questions du docteur, qui renonça à tout traitement.

Journet était bien connu des phalanstériens ;

dans l'une des réunions auxquelles assistaient quelques hommes influents du moment, on raconta la disparition de celui qu'on appelait déjà l'Apôtre ; on s'émut de sa translation à Bicêtre, et M. Montgolfier obtint de le faire élargir.

Il recommence ses pèlerinages et ses prédications ; il veut convertir la société tout entière, et, prétendant qu'il faut commencer par les sommets, il va frapper à la porte des princes, des grands financiers, des ministres, des poëtes.

Voici la lettre qu'il adresse à madame George Sand, qui, initiée déjà aux doctrines, refuse de le recevoir :

Jean a George Sand.

Vingt fois je me suis présenté chez vous pour toucher votre cœur, éclairer votre esprit. Tout ce qu'on pouvait dire, je l'ai dit ; tout ce qu'on pouvait faire, je l'ai fait. Si, dans cette horrible époque, il me restait encore un sourire à utiliser, je l'emploierais volontiers à l'encontre des procédés dont je suis l'objet. Le poëte méconnaît l'apôtre, le philosophe méprise le poëte, l'écrivain me consigne à la porte, le député philanthrope ne s'occupe pas de questions sociales... *Amen !*

Celle à Victor Hugo n'est pas moins curieuse :

JEAN A VICTOR HUGO.

Vous cherchez la gloire et le bonheur, suivez-nous. Quinze jours d'études fortes et consciencieuses, et vous *verrez*.

Mais, de grâce, n'oublie pas l'apôtre, lorsque saintement sibyllique, tu fulmineras le cantique des cantiques. Je vous aime.

Le poëte se reproche un jour d'avoir fermé sa porte à Jean Journet; il l'accueille à la place Royale, et, au milieu de tout ce que la littérature et les arts comptent d'hommes éminents, l'Apôtre fulmine contre la poésie et les arts, qui méconnaissent les saintes doctrines.

La lettre à Lamennais a été aussi conservée.

Celle à M. de Lamartine doit être une réponse à un refus du poëte de recevoir l'Apôtre, sur les doctrines duquel le poëte de la place Royale avait dû donner des renseignements à son ami :

JEAN A M. DE LAMARTINE.

Poëte, tu as des yeux pour ne point entendre. Le cri des enfants, les gémissements des vieillards te trouvent sourd.

Les pleurs de la femme, le désespoir de l'homme te trouvent aveugle. Poëte, à bas l'hypocrisie, assez de semblant de religiosité ! La farce est jouée ; étoile nébuleuse, il faut s'éclipser ! le soleil des intelligences inonde l'horizon. Le jugement dernier va précéder la résurrection sociale. Tout s'émeut, tout s'agite, tout s'apprête ; avenir, avenir !

Dieu vous éclaire !

Lors de l'attentat de Barbès, Journet, qui voyait dans l'attentat du célèbre exilé une tentative de régénération sociale, lui écrivit la lettre suivante :

Jean a Barbès.

Que n'ai-je, ami, pu connaître vos desseins ! Un effort surnaturel m'aurait peu coûté pour arracher votre âme aux sublimes hallucinations dont elle était oppressée. Vous vouliez trancher par l'épée un nœud que nos efforts infinis s'appliquent à délier par le concours inespéré des rois et des peuples. Je voudrais être assez riche pour vous envoyer les œuvres de Fourier. Là, vous apprendriez que la richesse, l'ordre et la liberté ne peuvent naître pour tous que du concours harmonieux de tous.

Repoussé par tous, traqué par la police, désespérant d'arracher à la matière ceux que le public regarde comme les grands maîtres de la pensée, Journet prend la résolution de parcourir la France à pied, s'arrêter dans chaque ville et prêcher la doctrine. C'est l'odyssée d'un Juif errant ; on entasserait anecdotes sur anecdotes, si on voulait raconter les mille péripéties de cette croisade.

Ici c'est la table d'un café qu'il prend pour chaire apostolique, là c'est un cercle de province, plus loin c'est dans un marché qu'il pérore, devant des paysans ébahis, entre des montagnes de choux et de légumes variés. Il devient la terreur des gendarmes et des gardes champêtres ; il étonne les sous-préfets, qui se signalent l'Apôtre. Il va jusqu'à entrer dans les églises à l'heure des offices et commence à développer la *Théorie des quatre mouvements*.

Un jour, à Toulouse, les étudiants, qui ont colporté la nouvelle de l'arrivée d'un Apôtre, lui demandent une séance publique et se livrent aux plaisanteries les plus bruyantes. Ils veulent porter Jean Journet en triomphe ; on l'enlève, on fait le tour du Jardin-Marengo. *Au Capitole !* crie l'un d'eux ; *au Capitole !* répètent tous les autres ; et voilà l'Apôtre sur le pavois, qui, comme Scipion l'Africain, monte au Capitole remercier les dieux. Tout cela finit mal ; un petit brin de politique se mêle à cette démonstration, et l'Apôtre est dans les fers.

Le préfet de Toulouse avait un moment partagé les errements de Fourier, il fit élargir Jean Journet, incorrigible dans sa conviction.

De Toulouse, Jean passe à Montpellier et va frapper à la porte de l'évêque un jour de grande assemblée ; les prélats étaient réunis, on annonce l'Apôtre, et celui-ci, l'œil hagard, exalté, entre dans la salle du chapitre en déclamant :

> Réveillez-vous ! lévites sacriléges,
> Ivres d'encens, dans la pourpre endormis ;
> Le Saint-Esprit a dévoilé vos piéges,
> Il va saper des sépulcres blanchis.

Comment peindre la surprise des abbés mitrés qui se voient apostrophés par cet énergumène : « Prêtres marchands, s'écrie-t-il, vêtus d'un manteau de pourpre, qu'est devenu le culte entre vos mains ? qu'est devenu le dogme sous le scalpel de vos interprétations ?

Un squelette sans vie, une momie recouverte de bandelettes de soie. »

Croira-t-on que l'évêque, qui voulait donner l'exemple de la résignation et de l'oubli des injures, voulut bien écouter l'exposition des doctrines de Jean Journet et distribuer à tous ses abbés présents des exemplaires de : *Cris et soupirs, Cri suprême, Cri d'indignation, Cri de délivrance*, brochures de l'Apôtre, qu'il paya séance tenante.

Jean continua à rouler de pays en pays ; apôtre de la doctrine nouvelle, la besace au dos, le bâton à la main, la tête nue, il couche dans les granges, il voit se lever le soleil, et le soir, à l'heure où la nuit descend, il regarde à l'horizon où s'étend, morne et sombre, la silhouette d'une ville ou d'un village ; et jamais, jusqu'à sa dernière heure, il ne s'arrêtera dans son pénible apostolat.

Et la femme de Jean Journet, et ses enfants, que devenaient-ils pendant ces longues pérégrinations ?

La femme gagnait péniblement sa vie ; elle ouvrait un petit atelier de fleuriste, et ses filles l'aidaient dans sa pénible tâche. Jean Journet, encore rebuté, vient les rejoindre après avoir parcouru toute la Belgique. Il repart pour Paris, parvient jusqu'au ministre de l'intérieur, et lui expose sa doctrine pendant que se morfondent dans l'antichambre préfets et conseillers d'Etat. Le ministre, qui s'aperçoit qu'il a affaire à un halluciné, lui demande s'il en a pour longtemps? — « Très-longtemps, répond-il. — Mais les préfets m'attendent, et ils représentent tout un département. — Et moi, monsieur le ministre, reprend l'Apôtre, je représente l'humanité tout entière. »

Un jour, à la salle Pleyel (il recherchait les endroits les plus fréquentés pour y faire ses esclandres), il interrompt chanteurs et musiciens et prend la parole au nom de la régénération sociale ; le moment allait venir où les civilisés seraient humiliés, — ce fut la garde qui vint, et Journet, cet ange de la naïveté, réclama *la protection des dames*.

C'est ici que se place, dans la vie de Jean Journet, une anecdote qui prouve combien sa parole était parfois entraînante et sympathique ; elle prouve aussi combien Alexandre Dumas, ce grand cœur et cette grande intelligence, se laissait facilement aller à ce premier mouvement qui est toujours le meilleur, quoi qu'en dise la hideuse morale d'un diplomate.

Un jour, Jean Journet errait sur la route de Saint-Germain, sa besace au dos, son bâton à la main, entrant dans les cabarets et faisant, quand il le pouvait, sa petite propagande. Un escadron de carabiniers suivait la route poudreuse; Journet, accablé de chaleur s'était assis au pied d'un arbre et regardait défiler les cavaliers. Quelle moisson pour un apôtre! quelle conquête pour les *saines doctrines !* Il suit l'escadron, entre dans la caserne, et se met à prêcher sur la première borne venue. Un jeune maréchal des logis prononce le nom d'Alexandre Dumas et lui montre les tourelles de Monte-Cristo. L'Apôtre reprend son bâton, arpente la route et gravit le coteau sur lequel s'élève le manoir du grand romancier.

J'ai eu le bonheur de vivre longtemps à l'étranger avec cet homme exceptionnel qu'on oublie trop aujourd'hui, cet ami véritable dont le cœur et la bourse s'ouvrent pour toutes les infortunes, ce grand artiste qui, s'il n'était pas le plus prodigieux vulgarisateur d'idées, serait déjà le plus grand cœur de ce temps-ci, et je devine l'entrevue qu'il eut avec Jean Journet.

Une heure après, l'Apôtre regagnait la route de Paris avec cet autographe :

A Monsieur Jules Dulong, agent général des auteurs dramatiques.

Je veux faire une bonne action, il faut que vous m'aidiez.

Je vous adresse Jean Journet, l'apôtre de Fourier.

Je crois à certaines parties de sa doctrine, mais je crois surtout à la probité, au dévouement et à la foi de celui que je vous adresse.

Je désire lui constituer sur mes droits, et je crois la chose possible, une petite rente de cent francs par mois, — jusqu'à ce que la Société puisse faire quelque chose pour lui.

Il touchera directement chez vous, et vous me compterez les reçus comme argent.

Ceci restera entièrement entre nous deux.

A vous de cœur.

ALEXANDRE DUMAS.

C'était une fortune pour Journet, et il vécut

quelque temps sans souci du lendemain. Il se rendait chaque jour rue du Roule, dans un café modeste, dont le patron réunissait chaque soir à sa table quelques hommes de lettres et quelques artistes dont quelques-uns sont devenus célèbres. Courbet était du nombre, c'est là qu'il connut Jean Journet, c'est là qu'il fit l'esquisse d'un très-bon tableau qu'il peignit à cette époque, tableau représentant l'Apôtre le sac au dos, le bâton à la main, errant sur les grandes routes. On apprenait les nouvelles, on se disputait au nom de l'esthétique et des beaux arts; puis venait la grande question de la *régénération sociale,* et Journet prenait la parole.

Il expliquait d'abord avec calme et lucidité un point obscur de la doctrine de Fourier ; un saint-simonien, un babouviste, ou quelque membre d'une secte divergente opposait sa doctrine à la sienne; l'Apôtre se levait, l'œil injecté de sang, la bouche béante, les cheveux et la barbe en désordre, il gesticulait, vociférait, et, passant de l'explication de ses doctrines au paroxisme de l'hallucination, vociférait les mots les plus bizarres et émettait les idées les plus invraisemblables.

Quand tous les artistes le voyaient gravir les cimes de Pathmos, ils écoutaient silencieusement et le prophète se calmait.

Nous ne saurions raconter ici les mille anecdotes bizarres, les singulières aventures dont Jean fut le héros.

En 1848, il entre un soir au Théâtre-Français, se place au milieu de la seconde galerie, et de là, au moment où, sur la scène, la situation était très-tendue, laisse tomber dans les loges, sur l'orchestre, sur le parterre, une quantité innombrable de petites brochures. Non-seulement ses poches en étaient bourrées, mais il avait encore un sac qui en était rempli et qu'il avait su dérober à la surveillance des contrôleurs. Grande rumeur au parterre ; toutes les têtes se tournent, on se lève, on crie, on s'insulte, on est aveuglé ; le déluge continue, et Journet, debout, comme à la tribune, continue à inonder la salle sans s'émouvoir.

Nouvelle arrestation de Jean Journet, nouvel

emprisonnement; mais on sait que l'Apôtre est inoffensif, on le sermonne et on lui rend la liberté. Il rejoint sa famille, ouvre chez lui un cours de fouriérisme, et crée la classe des *sous-apôtres*.

Il eut des prosélytes; mais il fallait prendre la besace et le bâton et prêcher à tous les carrefours. Les néophytes renoncèrent vite au sous-apostolat.

On ne saurait passer sous silence, dans une biographie de Jean Journet, la polémique qu'il soutint contre le successeur de Fourier, Victor Considerant, qui avait fondé *la Démocratie pacifique*.

Journet, sans différer essentiellement d'opinion, n'était pas d'accord avec les écrivains du parti sur les moyens pratiques à mettre en œuvre pour arriver au phalanstère. Considerant croyait qu'on devait faire l'éducation des masses en développant, dans l'organe qu'il avait fondé, les différentes phases de la doctrine fouriériste; il voulait ouvrir des conférences et y appeler le peuple, établir des écoles pour l'enseignement des principes humanitaires et arriver ainsi graduellement, sans secousse, à la réalisation pratique. Les souscriptions volontaires, les impôts, les bénéfices réalisés, les épargnes de toute nature amassés en une tontine, devaient un jour donner les moyens d'acheter d'immenses terrains, d'y construire une ville modèle et y réaliser enfin le rêve de Fourier. Considerant, homme très-pratique dans son utopie, allait plus loin encore, il répétait souvent : « Lors même que notre génération ne devrait pas voir se lever l'aurore lumineuse, nous ne devrions pas précipiter les événements et exposer le sort de la société tout entière par une impatiente et stérile curiosité. »

Du reste, avec cette foi persévérante qui fait de lui un homme vraiment remarquable, le directeur de *la Démocratie pacifique* a poursuivi son idée et a créé un phalanstère au Texas.

Jean Journet, lui, avait la foi impatiente et voulait la réalisation immédiate, aussi courait-il le monde à la recherche de cet être providentiel qui devait consacrer cinq ou six pauvres millions aux premières expériences.

J'ai dit, en parlant des disciples du Mapah, qu'il y a dans le monde des prosélytes pour toutes les utopies ; il se trouva un Anglais, John Young, qui fit plus que du prosélytisme, il donna sa fortune, qui était considérable, pour bâtir un phalanstère. On acheta mille hectares de terrain dans la Côte-d'Or, et Jean Czinski, Journet et madame Gatti de Gamond, qui avaient beaucoup fait pour les nouvelles idées, furent attachés à l'entreprise.

Le phalanstère se peuplait, et déjà se réalisait le *travail attrayant*, lorsqu'on s'aperçut que le généreux Anglais confondait ensemble toutes les doctrines, celles de Fourier, de Saint-Simon, d'Owen, de Babœuf et autres ; le désordre se mit dans le phalanstère, Young se plaignit d'avoir été trompé, et comme il avait affaire à des hommes convaincus et d'une extrême délicatesse, ils aimèrent mieux renoncer à la réalisation et abandonnèrent la direction à l'insulaire, qui n'en fut pas moins ruiné.

Journet recommença sa lutte contre Considerant, et ses brochures fulminaient l'anathème

contre le renégat. J'emprunte encore à
M. Champfleury la litanie des épithètes qu'il
accole au nom de l'ancien élève de l'école polytechnique, devenu la tête du parti fouriériste :

>Instigateur de maux,
>Fléau de l'espèce humaine,
>Roi du machiavélisme,
>Épouvantable égoïste,
>Prodige d'impénitence,
>Égoïste encroûté,
>Augure cacochyme,
>Civilisé éhonté,
>Vampire cosmopolite,
>Patron de l'impiété,
>Omniarque de rebut,
>Avorton de la science,
>Gouffre de l'humanité,
>Pontife du sabbat,
>Fascinateur endurci,
>Souteneur de Proserpine,
>Déprédateur social,
>Perfide endormeur,
>Magnétiseur subversif,
>Serpent fascinateur,
>Impossibiliste pacifique,
>Mercantiliseur matériel,
>Pygmée de perversité,
>Sybarite gorgé,
>Fétiche mendiant,
>Omniarque omnivore !!!

La révolution de 1848 éclata. On sait le peu de part qu'eurent les phalanstériens dans ces luttes politiques. S'ils arrivèrent à la députation, c'est qu'il fallait que chaque forme d'utopie fût représentée. Journet tenta souvent de faire entendre sa voix ; mais les clubistes criaient plus fort que lui, et, du reste, il était déjà trop connu, son apostolat même n'avait plus rien de nouveau ni d'original.

Les événements se succédaient rapidement. Pierre Leroux, avec sa *Triade* et son *Circulus*; Cabet avec son *Icarie*; Proudhon avec ses doctrines économistes, étouffaient la voix de Jean Journet. Le 2 décembre vint couper court à toutes ces idées, les unes, généreuses comme des utopies ; les autres, purement spéculatives et sans danger, quelques-unes enfin subversives par leur caractère spécieux et plein de séductions.

Jean Journet se retira dans le Midi, et mourut à Toulouse, le 1er novembre 1861, à l'âge de soixante-deux ans. Ses œuvres consistent en brochures, devenues assez rares, et qui ont pour titres : *Cris et soupirs*, *Résurrection*, la *Bonne*

Nouvelle, Jérémie, Cri suprême, Cri d'indignation..

Dieu me garde de tout sourire impie en face de ce pauvre halluciné! Je sens au fond de mon cœur une profonde commisération pour l'apôtre fervent qui s'en va de ville en ville, portant la parole du maître et jetant la semence au quatre points cardinaux. Jean Journet est un croyant; mettez cette foi profonde au service de la liberté, et vous avez les chevaliers errants du droit et de l'idée : au service du christianisme, et vous avez les Pierre l'Ermite.

L'amour de l'humanité fut sa folie, folie trois fois sainte. Le bonheur de tous fut le rêve perpétuel dans lequel se complut son esprit, qui finit par s'abîmer dans les ténèbres. Généreuse utopie, qui fait une victime de chaque prosélyte.

On ne saurait adorer une telle erreur, mais elle est respectable, et la foi sincère à une idée, si utopique qu'elle soit, porte avec elle je ne sais quel sacré caractère qui comprime le rire et arrête le sarcasme.

LÉONARD DE LA TUILERIE

D'après le portrait lithographié en tête de ses Œuvres.

LÉONARD DE LA TUILERIE

N reconnaîtra difficilement, en le présentant sous son vrai nom, Léonard de la Tuilerie, l'excentrique que tous les Parisiens ont vu tous les jours, pendant de longues années, assis devant Tortoni, attirant es regards par

une mise étrange dont le caractère lui avait valu le surnom de *père Matelot*.

C'était un vieillard robuste, haut en couleur, à barbe blanche très-courte et bien plantée ; il portait de grands anneaux d'or aux oreilles, un chapeau de toile cirée forme matelot, un grand col blanc rabattu sur une cravate à la Colin passée dans un anneau, un maillot à raies bleues ; la veste était de toile grise très-ample, le pantalon fond blanc à larges raies bleues verticales ; des bottes à la Souwarow ornées de glands complétaient cet ensemble, qui formait un costume véritable. Il venait régulièrement s'asseoir une ou deux fois par jour devant le perron de Tortoni, et là, les deux mains appuyées sur la pomme d'une canne monstre, savourait le moka en fumant une grande pipe allemande à fourneau de porcelaine.

M. Léonard avait un air de prospérité qui ne laissait aucun doute sur sa position sociale ; il devait être rentier et jouir d'une honnête petite fortune ; sa mise, à part son excentricité, était décente ; il y avait même quelque recherche dans le détail, et ce vieillard doux et tranquille, un peu majestueux peut-être, et que le succès de Robert-Robert et de Toussaint Lavénette nous avait fait surnommer au collége le *père Tropique*, était sympathique à tous.

Nous soupçonnions bien quelque innocente manie; mais le Parisien est indulgent aux monomanes et aux illuminés; il n'a point pour eux le respect profond des Arabes, qui les regardent comme si la main d'Allah les avait touchés, mais il leur accorde volontiers cette indifférence d'un public blasé que n'attirent plus les excentricités de langage, de geste ou de costume.

N'avions-nous pas vu vingt fois *Carnevale* circuler au milieu d'une foule sans qu'on tournât la tête? Prêter attention à ces hommes bizarres, c'était révéler sa qualité de provincial ou d'étranger.

M. Léonard de la Tuilerie s'intitulait tantôt apothicaire, tantôt élève de l'école polytechnique, tantôt trombone de la garde nationale. La vérité est qu'il pouvait légalement se donner tous ces titres et les avait loyalement gagnés.

Sa passion dominante était le *trombone*. Je ne saisis pas bien le lien qui rattache la pharmacie à l'étude de cet instrument, et M. Léonard fut-il musicien avant d'être apothicaire, ou se reposait-il simplement de la pharmacie par la musique, voilà ce que je ne pourrais affirmer; pourtant ce n'était pas un simple dilettante, car j'ai retrouvé la série complète des œuvres musicales de M. Léonard. Ces œuvres, gravées chez l'éditeur Chaillot, ne comprennent pas moins de cent cinquante compositions.

C'est la fête du trombone que ce catologue de M. Léonard, et je ne m'en étonne plus, car en compilant l'œuvre musicale du *Matelot*, je vois au bas de sa *Méthode préparatoire de trombone* la qualification suivante au-dessous de son nom, *Trombone de la 10ᵉ légion* (garde nationale de Paris).

Il y a dans les titres eux-mêmes quelques signes d'excentricité, tels que la façon de présenter au public ses compositions musicales.

LÉONARD DE LA TUILERIE

HIVER DE 1849

M. Léonard de Paris,
Ancien élève de l'école polytechnique (1812-14);

M. Léonard Guindre,
Apothicaire, rue Sainte-Anne, n° 5, au premier;

M. Léonard de la Tuilerie,
Trombone de la 10ᵉ légion (garde nationale de Paris),

a l'honneur

d'informer MM. les amateurs qu'il tient à leur disposition, aux conditions les plus avantageuses, les compositions suivantes, savoir :

(Suivent les titres ; je choisis au hasard entre cent cinquante morceaux.)

La Marseillaise de la Courtille (avec chœurs), dédiée à M. Dumoulin, artiste dramatique.

La Nébuleuse, rêverie.

Le Sang français, couplets patriotiques.

Le Sergent Rigolot, chansonnette militaire, paroles d'Alex. Pastelot.

Il y a de l'oignon, chanson populaire.

Il y a un *nota* d'une naïveté parfaite : « L'auteur ayant fait de nombreux sacrifices pour l'établissement de ces marchandises, il ne sera accordé aucune remise ; *on n'en délivrera même pas pour moins de 10 francs à la fois!* »

La musique de Léonard est devenue introuvable aujourd'hui, mais ce n'est pas parce que le public se porta en foule au domicile du compositeur. Elle repose en paix dans quelque coin ou aura servi depuis longtemps de pâture aux rongeurs ; c'est dans un casier ignoré de la maison de l'éditeur Prilipp que j'ai eu la bonne fortune de trouver l'œuvre complète ; je puis donc mettre sous les yeux du lecteur .'extrait suivant, placé en tête d'une composition musicale de Léonard :

AVIS AU PUBLIC.

Paris, le 1er janvier 1849.

« Comme il a pu paraître non ordinaire à certaines personnes qu'un homme, entièrement inconnu dans le mégacosme musical et dans la fashion parisienne, vienne depuis quelques années, avec des cheveux blancs et cinquante ans passés, se présenter devant les enfants d'Apollon en qualité de compositeur, je crois de mon devoir de déclarer ici publiquement qu'il y a plus de quarante ans que je m'occupe de musique dans mes moments perdus et comme distraction.

» Je répéterai, en outre, ce que je crois avoir déjà dit, que je n'ai jamais appris l'harmonie, si ce n'est vers la fin de 1829, où l'un de mes amis, simple amateur comme moi, eut l'obligeance de me transmettre, au fur et à mesure qu'il les recevait, une vingtaine des premières leçons que lui donnait le célèbre maître REICHA.

» La révolution de Juillet vint à éclater, et par suite de circonstances qu'il serait aussi long que futile d'énumérer ici, je devins apothicaire et disciple à la suite d'Esculape, *fils dudit Apollon*, tant est parfois bizarre l'étoile des destinées humaines! Je laissai donc là, à cette époque, mes études de composition musicale.

» C'est pour mettre chacun à même de se rendre compte, tant de mes dispositions naturelles que de ce que j'aurais pu produire si j'eusse été montré, que j'ai fait graver ici la chanson suivante, dont j'ai fait la musique en 1830. Je n'ai pu réunir que les paroles du premier couplet ; mais si quelque amateur trouvait, par hasard, les autres dans sa mémoire ou dans son portefeuille, j'éprouverais un véritable plaisir à les recevoir en communication. J'ignore quel en fut l'auteur et ne me souviens nullement de la manière dont cette chanson est tombée dans mes mains.

» On a beaucoup applaudi à la dernière pensée de Weber ; puissé-je (sans prétendre me comparer à ce célèbre compositeur) être assez heureux pour que le public accueille avec quelque faveur ma première inspiration. C'est seulement comme *date historique* et pour marquer, en quelque sorte, un point de départ à mes efforts musicaux, que je l'ai fait graver ici.

» Au reste, afin de venir en aide autant qu'il est en moi à MM. les musiciens, orateurs, théologiens, astrologues, médecins, alchimistes et philosophes de nos jours, afin surtout de seconder, dans leurs doctes recherches des causes premières, les savants de notre siècle, où chacun manifeste à grand bruit ses prétentions à remonter en tout à la raison pure et simple de chaque chose, je leur livre, à la suite de cette mélodie, et en lieu et place des couplets qui me manquent, les douze petites maisons de *l'Horoscope du parfait musicien*, dans ses trois conditions diverses. Elles sont telles qu'on les trouve dépeintes (*pourtraictées*) dans les préludes de l'harmonie universelle du R. P. N. Mersenne, religieux minime, imprimés en l'an de grâce 1634. »

Cet avis au public est une des divagations les plus singulières de toutes celles dues à M. Léonard; l'allusion à Weber est d'une adorable naïveté, et la précaution prise par le *Matelot* pour venir en aide à MM. les musiciens, orateurs, théologiens, astrologues, médecins, alchimistes et philosophes, m'a paru des plus curieuses.

Suivent les horoscopes; j'extrais trois formules singulières que j'ai présentées à des hommes spéciaux. Le lecteur peut exercer sa sagacité sur ces horoscopes du R. P. Mersenne. Je crois que le religieux minime était seul capable de reconnaître la valeur des signes qu'il emploie, signes qui me paraissent lui être entièrement personnels et n'avoir d'acception dans aucune science.

LES TROIS HOROSCOPES DU R. P. MERSENNE (1634).

Nativité du parfait musicien.

Autre horoscope capable de nous donner un parfait musicien.

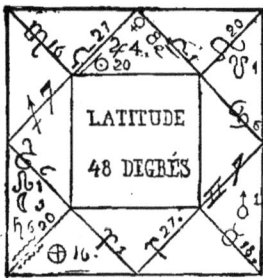
Troisième horoscope, ou nativité du musicien parfait.

L'œuvre gravée en tête de laquelle Léonard de la Tuilerie a écrit son avis au public et qu'il intitule : *Ma première pensée musicale*, s'appelle aussi *le Drapeau tricolore*, — mélodie.

Voici les paroles sur lesquelles le trombone de la 10ᵉ légion a écrit sa musique :

> De joie et d'espérance
> Mon cœur a palpité,
> J'ai reconnu la France
> Au cri de liberté.
> Français, Français ! qui l'invoquez encore,
> Elle sourit à d'aussi nobles vœux ;
> Ralliez-vous au drapeau tricolore,
> Il flottera sur nos derniers neveux.

Vous vous attendiez à un second et même à un troisième couplet, mais M. Léonard écrit simplement au milieu de la dernière portée, à la suite de : *Il flottera sur nos derniers neveux!*

(*Interrompue par les événements.*)

Quels événements?

De sorte que sa mélodie se réduit à cinq portées de cinq mesures.

Mais je suis loin d'en avoir fini avec les œuvres musicales de M. Léonard. Je viens de retrouver encore dans un carton poudreux, chez le même éditeur de musique du boulevard des Italiens, une méthode de trombone de notre excentrique, et, jugez de ma joie, après de longues séances au cabinet des estampes pour retrouver un portrait authentique de M. Léonard, je le trouve en tête de cette œuvre, lithographié chez Guillet.

Voici la précieuse annotation qui figure en haut de la première page :

* Ma musique ayant été déclarée pleine de fautes et injouable par certaines personnes légères ou inconsidérées, j'ai cru forcer l'examen des *vrais artistes* et des *savants* en lui donnant ici pour égide la devise du drapeau sous lequel j'ai été élevé.

* Cette devise était inscrite sur ma giberne en novembre 1812 :

POUR LA PATRIE, LA SCIENCE ET LA GLOIRE.

La popularisation du trombone était le *delenda Carthago* de notre excentrique. Je retrouve encore, daté du 1er octobre 1846, un *Mémoire à messieurs les Membres de l'Académie des Beaux-Arts, section de musique* (Institut royal de France) :

« Personne, à ma connaissance, n'a répondu à l'appel ; on s'est borné à continuer de lui faire faire (*lui*, c'est le trombone) des espèces d'accords placés dans l'instrumentation, sans le faire jamais chanter. Il semble en vérité, dans l'ordre de mes idées, que cet instrument formidable, malgré l'emploi journalier qu'on en fait, doive être comparé à un lièvre à côté duquel on marche depuis cent ans sans en avoir jamais aperçu la beauté. »

Plus loin.

« Si, à cause de son ancienneté, on mettait la trompette en opposition au trombone par l'action dévastatrice qu'elle exerça à Jéricho, et par les rôles que la sculpture, la peinture et la poésie lui font jouer chaque jour, c'est alors que je m'écrierais avec le poëte : « Arrière la trompette, et vive le trombone ! » Ce dernier contient à lui seul *sept trompettes* dans ses flancs, une par chaque position ! et alors pensez au nombre *sept*, songez à Newton, songez à l'Apocalypse ! Au dire de tous les peintres passés, la trompette de l'ange exterminateur est unique, celle de la Renommée, si on en croit *messire Arouet*, a deux embouchures, mais celle du jugement dernier futur, celle de l'époque, celle de la Révolution de 1830, celle-là, elle en vaudra *sept* à elle seule, et cette trompette sera un trombone !

» On peut jouer sur le trombone toutes les mélodies, tous les airs et chants populaires qu'on veut, pourvu qu'ils soient facilement et *musicalement* conçus, pourvu (cela va sans dire) qu'ils se tiennent dans la partie de l'instrument. On peut jouer à pied, à cheval, en voiture, en bateau, en chemin de fer. *J'en ai joué en nageant à la surface de cinq mètres d'eau de profondeur...* »

Cette pièce singulière, assez longue d'ailleurs, est signée : « Auguste Léonard, élève de l'école impériale-royale polytechnique (1812-1814), porté, à la fin de la seconde année, le trente-huitième sur la liste de mérite, et classé dans l'artillerie (démissionnaire) ; présentement *apothicaire* à Paris, rue Sainte-Anne, n° 5. »

Ce fut à peu près vers 1850 que Léonard imagina un nouveau mode de jouer du trombone qui ne manque pas d'originalité.

Il voulait que, nu jusqu'à la ceinture, mais à commencer par les pieds, on se plongeât dans une baignoire, et une fois dans l'eau jusqu'aux pectoraux, on devait souffler énergiquement dans l'instrument. Léonard partait de ce raisonnement que, les ondes sonores de l'eau étant beaucoup plus sensibles que celles de l'air, devaient enfler les sons et doubler l'effet produit. Il fallut invoquer une foule de bonnes raisons pour empêcher l'inventeur de se donner en spectacle à tous les Parisiens : il voulait faire ses expériences en pleine Seine. Le moyen, s'il était bon, était peu pratique ; et c'eût été assurément une assez singulière précaution à prendre que celle de commander un bain pour une soirée où un amateur devait jouer un solo de trombone.

Léonard de la Tuilerie jouissait d'une assez grande aisance, mais il dépensait chaque année une grande partie de ses revenus à faire graver et répandre ses élucubrations musicales. Quoique sa mise fût excentrique, elle était simple à côté de celle qu'il adoptait dans son intérieur de la rue Sainte-Anne.

Comme il avait fait annoncer la publication de ses œuvres dans tout Paris, et que le prospectus dont j'ai donné un extrait, répandu à profusion, avait intrigué beaucoup de personnes, quelques flâneurs, alléchés par la perspective de voir un homme original, se rendaient rue Sainte-Anne sous prétexte d'acheter de la musique.

La porte leur était ouverte par un quidam revêtu d'une longue robe noire couverte d'étoiles et de soleils, et coiffé d'un immense chapeau pointu illustré de constellations, tel qu'en portent les magiciens en plein vent. Ce quidam était Léonard. Le désordre était au comble dans l'appartement. On s'asseyait partout sur des trombones : trombones simples, trombones à clefs, modèle de trombone en bois; des paquets de musique encombraient les siéges. Il vous recevait avec gravité, parlait de l'incurie du gouvernement, qui n'encourageait pas le trombone, qu'il appelait l'*archange de l'orchestre*.

et disait volontiers du mal de l'Institut.

Constatons cependant que M. Caraffa avait dû encourager l'ex-polytechnique, puisqu'il faisait à tout propos ses réserves au sujet de l'honorable musicien, déjà directeur, à cette époque, du Gymnase musical de la rue Blanche, qu'on a supprimé depuis.

Voici tout ce que j'ai vu, entendu et appris relativement à Léonard de la Tuilerie. J'ai recherché la cause de sa monomanie; on m'a assuré qu'il perdit, vers 1850, deux fils qui disparurent mystérieusement dans un voyage en Suisse, on trouvera plus bas les documents qui m'ont été communiqués à la suite d'une enquête que j'ai faite à ce sujet. Mais la folie, ou la monomanie, a une logique appréciable, et je ne saisis pas la relation qui peut exister entre le trombone et la perte de ces fils.

Léonard de la Tuilerie a disparu vers 1851. Il hantait surtout le boulevard depuis le faubourg Montmartre jusqu'à la Madeleine, la Chaussée-d'Antin, Tortoni, les Italiens et l'Opéra.

DOCUMENTS.

Clermont-Ferrand, 11 septembre.

A M. CHARLES YRIARTE.

Je viens de lire à l'instant votre notice sur Léonard de la Tuilerie, que j'ai connu particulièrement, et je prends la liberté de vous communiquer quelques renseignements qui manquent à votre esquisse, complétement exacte d'ailleurs.

Oui, Léonard de Guindre était *apothicaire;* c'est lui qui créa le *sel de Guindre*, purgatif, encore en vogue, et qui se débite toujours à son ancienne demeure.

Léonard n'était pas seulement trombone de la garde nationale (10e légion), il était encore excellent violon, et, dans les soirées qu'il donnait rue des Martyrs, 44 ou 46, il se faisait accompagner par sa femme, qui touchait fort agréablement du piano. Dans cette même maison de la rue des Martyrs, il avait une collection de tableaux qui lui coûtaient fort cher et qui, au dire des connaisseurs, ne valaient pas grand'chose! Mais il en était fier, et quand un visiteur tirait le cordon de sa sonnette, il ne le lâchait qu'après lui avoir montré *sa galerie* de Raphaël, de Van Dyck, de Murillo, etc.

Un des caractères les plus frappants de Léonard était son excessive ressemblance avec Castil-Blaze.

Quant à la perte de *ses* fils, elle eut réellement lieu en Suisse. Les deux jeunes gens partirent au moment des vacances avec un de leurs cousins, plus âgé qu'eux de quelques années. Si mes souvenirs sont exacts, c'était en 1853 ou 54, mais je n'en suis pas sûr.

On les suivit par correspondance pendant quinze ou vingt jours, mais on perdit complétement leur trace aux environs du *Grimsel;* ce ne fut que lors de l'incendie de l'auberge du père X... et de la découverte des crimes de cet hôtelier, que l'on fut convaincu qu'ils avaient, tous les trois, péri victimes de cet aubergiste, dont le nom m'échappe. La mère des fils de Léonard, fille de M. Nachet, ancien magistrat très-distingué, fit toutes les recherches possibles, obtint de la police parisienne l'envoi d'agents chargés de retrouver la trace des infortunés ; mais peine inutile !

Je vous livre à la hâte, cher monsieur, ces renseignements, dont je vous garantis l'authenticité, vu que j'ai beaucoup connu le père Léonard.

Le prédécesseur du pharmacien de l'Empereur les augmenterait sans doute, car il était ami intime de la famille.

Veuillez, en me laissant garder l'anonyme en cas de publication par vous de ces documents, agréer mes salutations empressées.

C. L...

Communication faite par M. le professeur A. Chatin à la *Société de Botanique de France,* dans la séance du 14 juin 1861.

. . . .
. . . . Plus à l'Est, les glaciers qui séparent le haut Valais du pays de Berne ont été té-

moins, vers le Grimsel, d'un autre drame qui nous touche de plus près. Deux jeunes étudiants, que j'avais vus souvent à mes excursions botaniques, les frères Léonard, arrières-petits-fils de Houël, le fondateur de l'ancien Collége de pharmacie, disparurent après une nuit passée à l'auberge de la montagne. Ils avaient été volés et assassinés par leur hôte, qui, devenu incendiaire, expia enfin tous ses méfaits (1).. . . . .

A M. CHARLES YRIARTE.

Monsieur,

Moi aussi, j'ai eu le plaisir et l'avantage de connaître cet excellent Léonard, mon compagnon de gauche, comme trombone, dans la 10ᵉ légion, dont je m'honore d'avoir fait partie pendant quinze ans en qualité de musicien amateur.

Léonard ayant été pendant plusieurs années chef de route à l'Administration centrale des Postes, dont je faisais moi-même partie, et qu'il avait depuis longtemps quittée par suite de tracasseries imméritées, nous nous

(1) Cet honnête homme, trouvant que la *presse*, le vol et l'assassinat des voyageurs étaient des moyens trop lents pour arriver à la fortune, imagina d'assurer, pour une somme considérable, son mobilier, puis de cacher ce mobilier sous de la paille, des feuilles, etc., et de faire brûler la maison pendant qu'il irait à un marché dans la vallée.
(*Bulletin de la Société Botanique de France*, tome VIIIᵉ, 1861. — N° 6, juin, page 338.)

étions, en nous retrouvant, cordialement serré la main en qualité d'anciens confrères qui savent comprendre cette franche camaraderie qui n'existe aujourd'hui que de nom.

Les excentricités de mon vieux camarade lui attiraient souvent des reproches de la part de M. Klosé, notre savant et digne chef, à qui elles ne plaisaient que médiocrement. Exemple : Au moment de partir pour escorter la compagnie de garde au poste des Tuileries, Léonard ne s'avisait-il pas de jouer *con forza* des airs de pont Neuf, de manière à faire rougir les paysannes qui revenaient du marché. Puis, lorsque nous faisions halte, place de Bourgogne, pour attendre une compagnie de la légion, c'était la même scie. — Alors les gamins faisaient cercle autour de lui. — « Léonard, si vous ne cessez, s'exclamait M. Klosé, furieux, je vous retire votre embouchure ! » Vaincu par cette injonction, Léonard se taisait. — Alors, il nous proposait des énigmes insolubles... et c'est ce qui maintenait parmi nous sa réputation d'homme excentrique et un peu monomane.

Léonard avait voué une telle antipathie aux quarante immortels, qu'un beau matin, nous hâtant, de compagnie, de nous rendre à la mairie du 10e arrondissement, afin de répéter un nouveau pas redoublé composé par M. Klosé: « Voilà, s'écrie Léonard, lorsque nous passons devant le palais de l'Institut; voilà le palais des croûtons ! » — Il tire en même temps son trombone de son fourreau de serge verte et se met à pousser un hiatus chromatique (inusité dans la méthode de trombone) qui retentit superbement jusque de l'autre côté de la Seine, indignée de semblables accords. — « C'est bien fait, s'écrie-t-il ! » Après ce bel exploit, il réintègre, avec un aplomb diogénique, son instrument dans son sac, et nous continuons notre route sans autre incident.

Plaisanterie à part, Léonard avait le sentiment musical très-prononcé, mais poussé à l'extrême. A ce sujet, je citerai des mélodies de Sélinbert, arrangées par lui pour quinton (instrument antédiluvien) ou violon alto et violoncelle (pas de trombone, cette fois). Ce trio, dis-je, instrumenté d'une manière simple et élégante, prouve qu'il aurait dû s'en tenir à ce genre. Mais aussi, adieu sa réputation d'homme excentrique, et il semblait y tenir beaucoup.

Vers 1850, un de ses fils, qui sortait de l'école modèle de Grignon, alla, de l'assentiment de son père, faire une excursion en Suisse. —Léonard attendit longtemps son retour. Il fit faire des recherches ; il en fit lui-même de nombreuses. — Le jeune homme ne revint pas. — Les glaciers helvétiques renferment de terribles mystères !...

Depuis ce moment, Léonard devint de plus en plus morose et solitaire ; et lorsque, vers la fin de 1851, revenu de province, où j'étais allé passer quelques mois dans ma famille, je demandai à un musicien de notre légion des nouvelles de Léonard : — « Léonard, me dit-il, est mort la semaine dernière.—Est-il possible ?—Oui, mort de chagrin. »

(Communiqué par M. Lemercier de Neuville père.)

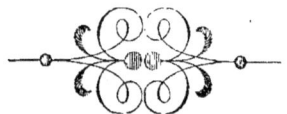

KASANGIAN

L'Arménien de la Bibliothèque.

D'après nature.

L'ARMÉNIEN DE LA BIBLIOTHÈQUE

(KAŠANGIAN)

ASANGIAN, que les Parisiens désignent toujours sous le nom de *l'Arménien*, est, au point de vue plastique, le type le plus curieux de cette galerie. Il est si connu du public, et surtout d'un certain public, que, malgré son titre

de *Thaleb,* je le range parmi les célébrités de la rue. Il meuble si bien la grande salle de la Bibliothèque impériale et la rue de Richelieu, que les savants conservateurs et les boutiquiers le regretteront amèrement si, contrairement à la croyance répandue parmi ceux qui fréquentent assidûment le grand salon de lecture, il est soumis à l'inflexible loi de mortalité.

M. F..... qui fréquente la Bibliothèque depuis vingt-cinq ans, assure que, dès 1838, on y voyait l'Arménien aussi vieux, aussi cassé, aussi rachitique qu'aujourd'hui. Il s'occupait déjà de son fameux dictionnaire arabe.

Dix heures sonnent, l'Arménien pénètre dans la grande cour, il hoche mélancoliquement la tête en guise de salut en passant devant le bureau des cannes et parapluies et la loge du concierge; il se dirige vers la fontaine à laquelle l'hospitalité administrative a attaché un gobelet de fer-blanc suspendu à une chaîne, et boit à longs traits; de temps en temps il laisse échapper de petits soupirs de satisfaction. Si le soleil est ardent, il se tient un instant dans la partie plantée de la grande cour et se brûle à ses rayons bienfaisants; si la neige couvre la terre, ou si le froid est vif, il monte directement à la grande salle en ayant bien soin de côtoyer les plates-bandes, afin d'éviter la neige ou la glace.

La salle est vide, les conservateurs ne sont pas encore à leur poste; l'Arménien se dirige vers les casiers situés en face du bureau central et prend les volumes qu'il y dépose chaque soir depuis vingt-cinq ans, excepté les dimanches et jours fériés; il salue tristement à droite et à gauche, en ébauchant un petit tressautement qui ressemble à une révérence quand il rencontre le garçon ou les conservateurs qui se rendent à leur poste. Il refuse l'assistance de ceux qui lui offrent leur concours pour remuer les énormes in-folios.

La place de l'Arménien est une place consacrée, elle est aussi reconnaissable que celle de l'aveugle de la rue Férou, qui éternue depuis vingt ans sur le même côté du mur du séminaire Saint-Sulpice, et a amoncelé sur la vénérable enceinte un amas de tabac à priser qui aurait charmé Decamps par sa couleur rissolée.

L'Arménien occupe la première place de la grande table, à droite du bureau central, et Charles Monselet qui, dans son livre *les Tréteaux,* a consacré à l'article *Bibliothèque* un amusant chapitre à Kasangian, assure qu'il n'a choisi cette place que pour pouvoir recourir aux conservateurs pour ses renseignements, ce qu'il fait du reste toutes les cinq minutes.

L'Arménien a pris un singulier ascendant sur les conservateurs de la Bibliothèque; les livres qu'il demande sont extrêmement rares, ils lui appartiennent pour ainsi dire en propre, car, depuis vingt-cinq ans, quiconque les aurait demandés n'aurait pu les obtenir; on aurait répondu : *Kasangian les a entre les mains,* — comme on dit : *Ils sont à la reliure.* On m'assure qu'il se plaint parfois de la pauvreté de nos collections, et qu'il cite l'exemple de certaines bibliothèques, celles d'Hérat, de la Mecque, ou celles du Sérail à Constantinople, où se trouve tel ou tel livre dont il aurait besoin pour son travail ; et les conservateurs s'émeuvent des plaintes de Kasangian et achètent les livres arabes qui passent en vente. Autre détail assez caractéristique : il a tué sous lui un exemplaire de Bescherelle.

Enfermé derrière un rempart d'in-folios, le linguiste travaille mystérieusement et lentement ; il est rêveur comme tous les Orientaux, et souvent on le voit suspendre son travail, relever ses besicles sur son front, mettre sa plume derrière l'oreille à la façon des écrivains publics, et, après avoir croisé ses bras sur le plus gros de ses dictionnaires, s'endormir d'un paisible sommeil.

Il pousse l'insouciance du costume jusqu'à l'hyperbole, et le linge lui est entièrement inconnu ; il a la plus grande prévention contre les cravates et cherche à faire des prosélytes ; après avoir épuisé tous les moyens pour persuader aux conservateurs de renoncer à ce futile ornement, il a commencé une croisade pour convaincre les garçons de salle, qui lui ont opposé l'uniforme et la consigne. Il revient de temps à autre à cette idée fixe, il remue librement le cou pour montrer toute l'aisance et le laisser-aller qu'il acquiert, privé de cette enveloppe inutile. Quand on lui allègue la longue habitude, il énumère les dangers de la cravate, il lui attribue les maux sans nombre qui assiègent les Occidentaux.

On connaît son costume : une batta, espèce de robe à manches larges, ouverte sur le devant et tombant droite jusqu'à mi-jambes ; un gilet, un pantalon à la turque retenu par une faja ; le cou est complétement libre, car la batta n'a pas le moindre collet, et la tête est coiffée d'une petite calotte verte. Or, dans ces derniers temps, Kasangian a inventé un raffinement de pittoresque du plus grand effet. Il a porté par dessus sa calotte verte un chapeau ordinaire, un gibbus moderne ; cette tête d'Ali-Bajou, qui rappelle exactement celle de Sainte-Foy dans le *Caïd*, le cou long, osseux, et complétement décolleté, le costume enfin, sombre, maigre et malingre, les jambes nues, tristes et pauvres sur lesquelles pendent les basques de la robe, forment le plus drôle d'ensemble que caricaturiste puisse rêver.

Vers 1855, Kasangian a eu un disciple, un jeune *des langues* destiné sans doute à continuer son interminable dictionnaire ; c'était une réduction Colas de l'Arménien, un petit Ali-Bajou déjà flétri et qui n'avait rien de son âge, ni l'insouciance, ni la gaieté, ni la fraîcheur. Élevé dans les bons principes, il ignorait jusqu'au terme qui sert à exprimer ce vain ornement dont les Occidentaux s'enveloppent le cou ; son petit costume arménien était plus que simple, et insuffisant. Le jeune *des langues* donna un jour un exemple de naïveté qui est la plus haute preuve de la sincérité de son cœur et de sa simplicité ; on se prend à l'aimer pour ce trait qui fait entrevoir un coin de son âme.

Il était pauvre (Kasangian doit l'être aussi, c'est le lot des savants!). A l'heure où son maître le congédiait et se laissait aller au sommeil, le jeune *des langues* transportait une petite table sous un des réverbères de la place Louvois, et, détaché de toutes les choses d'ici-bas, n'entendant ni les lourdes voitures, ni le tumulte des Parisiens qui se ruent au plaisir, il travaillait sans relâche, comme un somnambule dont tout le monde suit les évolutions sans que lui-même perçoive aucun bruit ni aucune forme. Le froid lui était indifférent ; les indiscrets, les flâneurs ne le troublaient point, il continuait à tracer sur le papier ses signes cabalistiques. Mais ce qui prouve jusqu'à quel point notre fausse civilisation a horreur du pittoresque, c'est qu'un sergent de ville, qui ne comprenait pas que le jeune *des langues* travaillait *par économie* à la lueur du réverbère, vint lui frapper sur l'épaule en l'engageant à plier bagages. L'élève de Kasaugian ne comprenait pas qu'une petite table placée sous un réverbère et sur un trottoir était un danger pour l'autorité. Il s'était dit qu'il tiendrait peu de place et ferait peu de bruit.

Pauvre cher être naïf, pauvre petit savant ! que sera-t-il devenu ? Kasangian seul a la clé de ce mystère.

J'ai beaucoup suivi Kasangian dans ces derniers temps, et ces notes ont été réunies en face de lui, à la Bibliothèque ; il vieillit singulièrement, il travaille de plus en plus lentement et dort chaque jour plus longtemps. Quand il se lève pour aller boire à la fontaine, il se traîne péniblement, et ses babouches glissent sur le parquet : j'ai dit ses babouches par amour de la couleur locale, mais je suis forcé d'avouer que Kasangian se chausse comme le premier Parisien venu : il porte des souliers à la Molière, et la nature, *alma mater*, l'a gratifié d'un pied prodigieux. Son dos se courbe, ses joues se creusent, sa voix devient vague. Je crains que bientôt le charme ne se rompe et que cet honnête savant, ornement de la Bibliothèque, dont on peut dire ce que Victor Hugo dit de Quasimodo : « *Le monument rugueux était sa carapace!* » n'ait posé devant moi pour la dernière fois.

J'espère que Kasangian ne lira pas ces lignes et cette triste prophétie; je serais poursuivi par un cruel remords si cette appréhension du trépas du pauvre savant parvenait jusqu'à lui.

Kasangian a un système, il en a même plusieurs, sans compter celui qui consiste à proscrire les cravates. Il prétend que la dégénérescence chez l'homme procède exactement comme pour les végétaux : les arbres perdent leurs feuilles, l'homme perd ses cheveux, la sève ne se répand plus dans les branches extrêmes, la sinovie abandonne les extrémités, le cou, les bras, etc ; le tronc devient noir, perd ses colorations, la peau de l'homme se racornit et se fane. Enfin la vie se retire des racines, et l'homme, glacé par l'âge, perd la faculté de se mouvoir et de marcher. Kasangian pousse très-loin ses similitudes, et le pauvre savant doit être inquiet, car il en est à la dernière période et il se traîne avec difficulté.

L'Arménien habite, au cinquième, une petite chambre du faubourg Poissonnière, il y donne des leçons d'arabe à 1 franc le cachet, et ses élèves sont rares. On lui a refusé, il y a aujourd'hui dix ans, le crédit qu'il a demandé pour l'impression de son dictionnaire. Ce crédit s'élevait à la somme de 30,000 francs. La Sublime-Porte a fait son emprunt, Kasangian réitère sa demande.

LE PERSAN

D'après nature.

LE PERSAN

ous avions demandé à M. Méry, qui l'a beaucoup suivi, des notes sur *le Persan*. L'auteur de la *Guerre du Nizam*, avec une bienveillance dont nous le remercions ici, a bien voulu rédiger un article qui nous fait supprimer le nôtre.

C'est une bonne fortune qui donne du prix à notre livre :

ABBAS-MIRZA

De toutes les énigmes vivantes qui circulent sur le pavé de Paris sans dire leur mot aux passants, l'énigme du Persan est la plus curieuse, la plus obscure, la plus acharnée dans son mutisme de sphinx.

Le Persan n'a jamais eu nom d'homme ; on présume que son passeport pourrait bien le nommer Abbas-Mirza, et lui donner pour lieu de naissance Amazia, ville où Lucullus découvrit l'abricotier, *persicus*, et le cerisier, *cerasus*, les plus belles conquêtes de Rome, de Montreuil et de Montmorency.

Le Persan descendrait donc de Mithridate, roi de Pont, qui avait pour capitales Sinope, où naquit Diogène, et Amazia.

Une circonstance, remarquée par un Œdipe d'énigmes vivantes, semble donner un certain crédit à cette royale filiation du Persan.

On jouait *Mithridate* aux Français : le Persan

Abbas-Mirza était dans sa stalle et écoutait la tragédie avec une gravité d'académicien.

Lorsque Mithridate-Maubant eut dit ces deux vers :

> Doutez-vous que l'Euxin ne me porte en deux jours
> Aux lieux où le Danube y vient finir son cours?

le Persan éclate de rire et scandalise M. Viennet, son voisin.

Le Persan n'avait jamais ri, les lignes mêmes de sa figure semblent ne pouvoir se prêter aux contractions de l'hilarité folle; on lui demanda le *parce que* de ce rire exceptionnel ; les points d'interrogation ne furent pas plus heureux que s'ils eussent été posés devant le grand sphinx des pyramides de Ghizeh.

Alors il fut admis, dans un entr'acte, que Mithridate prononçant ces deux vers à Sinope, commettait une énorme faute de géographie en parlant de se rendre en deux jours à Varna, de l'autre côté de la mer Noire: il faut aujourd'hui sept jours, avec le paquebot à vapeur, pour faire ce trajet.

Le Persan, malgré sa gravité immuable, était donc obligé d'accueillir par son premier éclat de rire une énorme bévue, que la tragédie mettait sur le compte de son aïeul Mithridate.

Voilà donc un coin de voile soulevé dans le mystère qui environne le Persan de Paris. Il se nomme Abbas-Mirza, il descend de Mithridate, il est natif d'Amazia, et il achète, en avril, chez Chevet, les primeurs persanes de Montreuil et de Montmorency.

C'est un grand pas de fait dans l'énigme.

Le Persan porte le costume et le bonnet que les auteurs des féeries donnent aux magiciens; il passe devant les étalages de nos tailleurs et les honore d'un regard de mépris. A ses yeux, notre journal de modes n'a pour abonnés que des employés de pompes funèbres; il ne voit dans nos chapeliers que des fumistes vendant des tuyaux de poêle par livraisons et favorisant les rhumes de cerveau.

Un M. Garcin de Tassy, professeur de langue persane, demanda en français au Persan quel motif de modestie l'avait poussé à prendre un costume si simple. Le Persan lui répondit en latin : « *Persicos odi puer apparatus* : Je déteste le luxe des Perses. » Cette citation d'un vers d'Horace atteste l'érudition de ce noble étranger.

M. Garcin de Tassy lui demanda en langue persane s'il était heureux : « *Ti sabir chalar bono?* » Le Persan lui répondit par un vers du même poëte : « Je suis plus heureux que le roi des Perses : *Persarum rege beatior.* »

Son costume, d'ailleurs, se conforme strictement aux lois simpluaires des mages ou des magiciens perses : ces hommes qui, selon Ovide, opéraient des miracles avec le suc puissant des herbes : *magos potentibus herbis*; on cueillait ces herbes de la main gauche, en cachant la droite dans un pli de robe; un frac noir détruirait l'effet de cette opération magique.

Notre Académie impériale de musique est le théâtre favori du mystérieux Persan.

Les observateurs frivoles ont conclu que le Persan adorait la grande musique et qu'il se pâmait d'aise en entendant pour la quatre centième fois : *Bonheur suprême, ô toi que j'aime;*

ô moment enchanteur, je sens battre ton cœur; tu vois mon effroi; quarante-cinq fois : *grâce pour moi; ma flamme répond à sa flamme; le soleil refuse la lumière de son flambeau; quoi qu'il advienne ou qu'il arrive*, et une foule d'*et-cœteras*; c'est une grave erreur de supposition. Le Persan, bercé par la musique primitive de Mouzz-Abbi, le Cimarosa d'Ispahan, déteste notre musique et bat la mesure à contre-temps sur le velours de sa stalle; le lustre, le splendide lustre du plafond attire seul le Persan à l'Opéra.

Ceci demande explication :

Les Perses, ou Parsis, ont toujours adoré le soleil, et ce n'est pas moi qui les en blâmerai : c'était pour eux un dieu visible, source de la vie et de la fécondité. Neuf cents ans avant Jésus-Christ, Hésiode et Homère firent du soleil un dieu blond qui se promenait tous les jours de l'est à l'ouest sur un char attelé de quatre chevaux blancs. Les Perses se moquent encore aujourd'hui, dans leurs poésies, de ce stupide Apollon, et lui préfèrent toujours le soleil.

Notre Persan parisien est toujours attaché au

culte de ses aïeux et à la mémoire de Zoroastre, roi et législateur des Perses, et le fondateur de la religion solaire; il sait que Pythagore a vénéré la science dite zoroastrienne, témoin ce vers de Martial : « *Pythagore consectatira zoroastridas artes,* » et comme le Persan est un fervent pythagoricien, il continue à donner au soleil des témoignages de respect, lorsque cet astre se montre à l'horizon.

Par malheur, le soleil de Paris brille par son absence, en hiver, et le Persan n'a pas même l'occasion de se dédommager sur la lune, soleil de la nuit. Un jour d'épais brouillards, il a trouvé un expédient, et, depuis ce jour, déjà éloigné, il s'est fait une existence plus heureuse. En ce temps, les premières loges de l'Académie, alors royale de musique, étaient bordées de stalles de balcon ; le Persan loua un de ces observatoires astronomiques à perpétuité, et tous les soirs il s'y installait pour adorer le grand lustre, seul représentant du soleil en hiver. Trois cents *Robert* et trois cents *Huguenots* ont passé sur sa tête sans le distraire de son culte lustral.

Tout à coup une révolution éclate dans la salle provisoire de l'Opéra, provisoire depuis 1822, provisoire comme tout ce qui est éternel en France, les gouvernements provisoires exceptés ; on démolit les loges de balcon pour cause d'inutilité publique, et le Persan est exproprié de son observatoire pieux ; il demande une indemnité au directeur.

Les directeurs des théâtres parisiens sont brouillés avec le soleil, et le regardent comme un ennemi personnel ; s'ils avaient un éteignoir long de trente-huit millions de lieues, ils l'éteindraient en plein midi. Cette haine est excusable : le soleil supprime les recettes et a causé bien des faillites administratives ; la pluie, au contraire, est une pluie de Danaë pour les théâtres comme pour les agriculteurs.

La pétition du Persan adorateur du soleil fut donc assez froidement accueillie par le directeur de l'Opéra ; on traita le pétitionnaire de lunatique et on lui proposa de l'ensevelir dans une stalle d'ochestre avec la perspective de tourner le dos au soleil de gaz hydrogène, ce qui est une irrévérence pour un adorateur du feu.

Il réfléchit longtemps et finit par accepter la stalle. — « J'aurai toujours la ressource, pensa-t-il, de vénérer le lustre solaire pendant les entr'actes, qui sont toujours assez longs. »

Lorsque l'opéra d'*Herculanum* fut représenté, le Persan tressaillit de joie, et il n'a jamais manqué une seule de ses quatre-vingt-dix représentations. Voici la cause de cette faveur accordée à l'opéra de Félicien David : Ému de la détresse du Persan, que je regarde comme mon coréligionnaire, j'avais eu soin de donner, dans mon poëme, le nom grec d'*Hélios* (Soleil) à notre cher et illustre ténor Roger. Un jour, dans la loge d'Alphonse Royer, Félicien David remarqua le frénétique enthousiasme du Persan, et me dit : — « Il paraît que j'ai bien réussi la couleur locale, les Orientaux m'applaudissent. » Je laissai cette illusion au compositeur.

Le Persan m'a remercié d'avoir donné à l'Opéra ma traduction de *Sémiramis*; j'ai cru un instant qu'il aimait ce chef-d'œuvre de Rossini ; erreur encore. *Sémiramis* commence par un hymne au soleil, *Belo gran nume,* et tous les choristes se prosternent devant le feu sacré. Bélus est l'image terrestre du soleil.

Les oisifs, si nombreux sur le boulevard, se sont évertués pour connaître le motif qui a retenu si longtemps le Persan à Paris, dans cette ville qui, au dix-huitième siècle, a osé prononcer ce mot : *Comment peut-on être Persan?*

A la cour de Téhéran, il y a deux partis : le russe et l'anglais ; la France est peu connue là-bas; les Persans disent : Comment peut-on être Français? représailles méritées; or, le noble étranger, habitué de l'Opéra, très-versé dans la science géographique, est l'auteur d'un projet admirable qui, tôt ou tard, doit mettre la Russie aux portes de l'Inde.

Le projet est simple et ne demande qu'une faible dépense; vous allez en juger :

Jetez les yeux sur une carte d'Asie, et vous verrez que, vers le quarante-huitième degré de latitude, le Don, descendant à la mer d'Azoff, fait un coude et touche presque le Volga, qui descend à la Caspienne; sur ce point, creusez, c'est l'affaire d'un mois, et les paquebots russes sortis de la mer Noire et des marais Méotides remonteront le Don, traverseront le petit canal et descendront à la mer Caspienne par la plus large embouchure du Volga. Il s'agit ensuite de creuser un canal depuis les bords de cette petite Méditerranée jusqu'à Téhéran, et de Téhéran jusqu'à Schouster, aux abords du golfe Persique; vous voilà aux Indes. Le Foreign-Office a trouvé ce plan redoutable et menaçant pour ses possessions indiennes, et il a demandé que l'auteur soit mis en jugement, comme conspirateur moscovite. Notre Persan a vu se lever un nuage dans la chancellerie anglaise d'Ispahan, et, pour se dérober à la tempête, il est parti avec ses trésors en disant à la Perse un adieu éternel; il a vu Paris, il s'est fait Parisien; il espère vivre encore assez longtemps pour voir l'exécution de son projet superbe, qui pose à si peu de frais un trait d'union entre la mer Caspienne et la mer d'Azoff. C'est l'isthme de Suez des Russes, mais avec la différence qui sépare le grain de sable du mont Athos.

Initié dans toutes les formes de la langue française, notre Persan parisien s'occupe de la traduction du beau poëme d'Azz-Eddin-el-Mocadessi, *les Oiseaux et les Fleurs*. M. Garcin de Tassy, orientaliste marseillais, a essayé de traduire aussi le même ouvrage, mais il en a ôté les fleurs et a empaillé les oiseaux.

Notre littérature va s'enrichir enfin d'une œuvre qui jouit en Perse d'une haute et légitime réputation. Depuis son arrivée à Paris, le Persan n'a jamais été troublé dans ses travaux, ses promenades et ses stalles. L'arrivée de l'ambassade persane, en 1857, lui causa un instant quelque émotion ; il craignit une perfidie anglaise, et se déroba pendant quinze jours à la vue des passants du boulevard et des abonnés de l'Opéra. C'était une crainte vaine, l'ambassadeur d'Ispahan ne songeait pas à lui.

Le Persan a donné, il y a onze ans, à la *Revue des Deux-Mondes*, une série d'articles intitulés : *Scènes de la cour de Téhéran*.

Puisse le soleil du Nord donner encore de longues et douces soirées au noble fils de l'Orient !

LE MARCHAND DE VULNÉRAIRE SUISSE

D'après le croquis de Charles Yriarte.

LE MARCHAND DE VULNÉRAIRE SUISSE

A silhouette dessinée qui accompagne chacune de ces notices rappellera au souvenir du lecteur cet original, connu de tous les Parisiens, et dont le type s'est si bien fixé dans nos souvenirs d'enfant, que nous sommes

sûrs de l'exactitude de ce croquis gravé de mémoire.

Il errait depuis la rue Saint-Honoré jusqu'à la barrière de Clichy, vêtu d'un ancien uniforme de chevalier de Malte : habit rouge à passe-poils d'or, épaulettes de colonel, chapeau à trois cornes très-élevé de forme et à la cocarde tricolore, pantalon blanc à grand pont.

Il portait sous le bras une demi-douzaine de ces longues fioles qui servaient, il y a vingt ans, à mettre l'eau de Cologne, et telles qu'on en voit encore dans quelques vitrines de mercières qui ont horreur du progrès.

C'était un petit vieillard qui avait dû connaître des jours meilleurs ; sans être très-fin de forme, il avait une distinction relative ; je ne voudrais pas être désagréable à Henri Monnier, mais le marchand de vulnéraire suisse avait sa prestance ; ses cheveux, argentés comme ceux de M. Prudhomme, étaient collés sur le front en mèches fallacieuses ; son nez était recourbé, et, signe caractéristique, la moustache, assez fournie, était du plus beau noir.

En ce temps d'innocence, j'ignorais les artifices destinés a réparer l'irréparable ; je ne jurerais pourtant pas que la moustache fût teinte.

Ses fioles contenaient simplement de l'eau de Cologne de Jean-Marie Farina, que le chevalier de Malte décorait du nom de vulnéraire suisse. Sous cette dénomination, l'eau de Cologne devenait panacée, et chacun devait s'en munir pour parer à toutes les éventualités. Je dois confesser que jamais, au grand jamais, je n'ai vu le *chevalier* vendre une de ses fioles. La foule s'arrêtait volontiers, on l'écoutait, il causait bien, on l'approuvait de la voix et du geste, et pas un passant n'achetait.

Le marchand de vulnéraire, tourmenté par la goutte, contre laquelle il avait cependant trouvé un remède infaillible, voyageait volontiers d'un quartier à l'autre de Paris en omnibus ; nous l'avons vu vingt fois, assis sur les banquettes, revêtu de son uniforme éclatant et le point de mire de la curiosité générale, sans trouble et sans gêne. Il tirait gravement ses six sous, confiant à son voisin les fioles qu'il portait sous son bras. Nous avons perdu la trace du marchand de vulnéraire vers 1849 ou 1850, il avait à cette époque une soixantaine d'années, il sera mort ou rentré dans la vie privée. Peut-être circule-t-il encore dans la foule parisienne sans ce costume qui le dénonçait aux passants.

Le marchand de vulnéraire suisse méritait une notice plus étendue ; mais il faut, pour ces études, écrire ses souvenirs personnels ou se servir des traditions et des documents amassés. Or, nos souvenirs, relativement au chevalier de Malte, datent de 1848 ; nous avions quinze ans à la révolution de Février, et ne pensions pas à cette époque écrire l'histoire des célébrités de la rue. Quant aux documents écrits ou dessinés, ils n'existent pas ; je suis sûr néanmoins que tous les Parisiens reconnaîtront ce petit vieillard qu'on s'était habitué à voir circuler dans la foule, paisible, humble, presque triste, qui offrait sans boniment et sans emphase ses longues fioles de vulnéraire sur les places publiques.

L'HOMME-ORCHESTRE (1855)

D'après nature.

L'HOMME-ORCHESTRE

1855

N jour d'hiver, par un temps froid et triste, à l'heure où les Parisiens élégants montent au galop de leurs chevaux la grande avenue des Champs-Élysées, tandis que les Parisiennes, douillettement enveloppées dans des fourrures qui ne laissent voir que leurs jolis visages bleuis par le froid, sont rapidement emportées vers le lac, un promeneur d'une taille invraisemblable, vêtu d'une énorme polonaise ornée de fourrures, dont il avait relevé le collet jusqu'aux oreilles, montait d'un pas rapide la contre-allée de la promenade.

Les piétons étaient rares, et ceux qui, par hasard, suivaient le même chemin que le colosse jetaient à peine un regard sur les indolentes promeneuses couchées dans le fond de leurs calèches; les chaises qui bordent la grande allée étaient vides; quelques enfants, malgré le froid, persistaient à se donner ce plaisir ineffable qui consiste à faire de petits trous dans la terre, occupation sérieuse que les bonnes d'enfants apprécient fort.

Quoiqu'on fût au 21 mars 184.., veille du jour de la Passion, les arbres de l'avenue détachaient encore sur le ciel gris leurs branchages secs et noircis par les pluies de l'hiver, et les honnêtes industriels qui, à cette époque, encombraient l'espace compris entre la grande allée et l'avenue Gabrielle, n'avaient pas encore installé, les uns leurs chevaux de bois, les autres leurs vaisseaux tournants. Guignol était muet, et le chat de la célèbre madame Robert n'assistait pas encore, mélancolique et grave, aux turpitudes de ce pendard de Polichinelle et aux mésaventures du commissaire.

Parvenu à la hauteur de l'Élysée, un bruit assez singulier, bruit vague, qui semblait l'écho affaibli d'une musique militaire sans en avoir l'entrain ni la régularité, vint frapper les oreilles du promeneur, et ses yeux s'arrêtèrent bientôt sur un pauvre diable qui, assis au pied d'un des arbres qui bordent les allées, bizarrement accoutré, et vêtu pour ainsi dire d'instruments de musique, semblait un orchestre vivant. L'œil démêlait avec assez de peine les diverses fonctions de l'homme et des instruments : il fallait étudier le rôle de chaque membre comme on étudie les divers rouages d'une machine, pour savoir à quelle percussion ou à quel effort correspondait chaque son produit. Quand ce travail était accompli, on arrêtait involontairement les yeux sur le mâle visage du pauvre musicien.

En feuilletant l'œuvre de Charlet, vous retrouverez ce type à chaque page, et si le vieil uniforme et le pantalon rouge, qu'on devinait sous les bretelles et les coussinets des instruments, n'eussent été une preuve irrécusable de son ancien état, on eût deviné le vieux soldat à cette figure martiale, à cette moustache grise, ce front élevé et ces sourcils épais.

La tête, chauve, était coiffée d'un pavillon de chapeau chinois retenu au-dessous du menton par une jugulaire de cuir. Le bras droit tenait un archet qui lui servait à râcler sur un violon; mais ce simple rôle était une sinécure comparativement à celui qu'accomplissaient les autres membres; ainsi, l'avant-bras était assez fortement comprimé par une ceinture à laquelle s'attachait un tampon destiné à frapper sur une grosse caisse solidement fixée sur le dos, grâce à un tablier passé autour du cou. Sur la poitrine, s'étalait une flûte de Pan. L'embouchure des tuyaux se trouvait à portée de la bouche, et dans ce mouvement naturel qui porte le violoniste à incliner la tête sur son instrument, le musicien tirait des sons de sa flûte. Fixée au genou droit, une ceinture de grelots agités par les secousses imprimées au pied qui battait la mesure complétait cet ensemble de sons, ce charivari bizarre, qui eût amené un sourire sur les lèvres des passants si on eût pu concevoir la moindre impression de gaieté en face de cette figure profondément attristée, et dont le caractère noble et grave semblait mal en rapport avec cette grotesque mise en scène.

Le promeneur s'approcha du musicien et le contempla silencieusement. Un vieux chapeau, placé à quelques pas du vieillard, faisait l'office de sébile et contenait quelques sous solitaires, étalés sur un sordide mouchoir à carreaux rouges : c'était la seule offrande faite par un passant, que cette misère avait touché et qui avait eu le courage d'ôter son gant. Les autres, que la rigueur du froid rendait plus actifs, montaient rapidement l'avenue, le collet relevé jusqu'aux oreilles; les brillants équipages armoriés se succédaient toujours, et le vieillard continuait, comme un automate insensible, l'air qu'il avait commencé.

L'inconnu jeta les yeux autour de lui, les reporta presque aussitôt sur le musicien et lui fit un signe de la main, comme pour le prier de suspendre son exécution; puis, entr'ouvrant sa polonaise et se découvrant, il entonna un air italien d'une voix admirablement timbrée et d'une sonorité superbe; le chant se déroulait large et magnifiquement assuré, les vocalises étaient enlevées avec une sécurité qui révélait un maître; les enfants s'approchaient, suivis de leurs bonnes; tous les passants s'arrêtaient étonnés et ravis; le vieillard, croyant rêver, n'osait plus faire un mouvement, de peur de produire un son qui troublât cette harmonie.

Bientôt quelques cavaliers ralentirent l'allure de leurs chevaux, quelques promeneuses se soulevèrent du fond de leurs calèches et donnèrent l'ordre d'arrêter; plusieurs d'entre elles, les plus jeunes et les plus fantaisistes, descendirent de voiture et firent cercle autour du chanteur. Le groupe devenait plus pressé. Les voitures, devenues stationnaires, avaient arrêté la marche de celles qui montaient l'avenue, et les cavaliers envoyés pour s'enquérir de ce qui déterminait tant d'élégantes à mettre pied à terre, venaient rendre compte de leur ambassade en invitant les promeneuses à en faire autant.

Déjà la foule était considérable, les pièces blanches pleuvaient dans le chapeau du vieillard; quelques mains aristocratiques jetaient même des pièces d'or.

Les femmes pleuraient sous leurs voilettes, les hommes commençaient à s'attendrir; les dilettanti avaient reconnu le grand air de *Belisario* et le nom de *Lablache* circulait de bouche en bouche; le vieux musicien pleurait à chaudes larmes, et l'illustre basse-taille, inspirée par la charité, trouvait des accents passionnés et des effets splendides.

D'ailleurs il retrouvait là son public accoutumé, celui qui, chaque soir, aux Italiens, l'accueillait par des bravos, et s'il n'avait plus l'entrain d'un orchestre pour le soutenir, la splendeur d'une salle brillamment éclairée, des femmes élégantes, de riches toilettes et cet ensemble prestigieux d'une soirée des Bouffes pour le stimuler, la charité l'inspirait, et le public oubliait le froid et le givre en l'écoutant chanter.

Quand Lablache eut achevé son air, des applaudissements et des vivats s'élevèrent de la foule ; on entourait le grand artiste, on le félicitait avec effusion. Cette scène sentimentale devait avoir son côté comique, car le vieux mendiant, autant par reconnaissance que par enthousiasme, voulant mêler ses bravos à ceux du public, se mit à applaudir de toutes ses forces, et chacun de ses mouvements correspondait à des sons de grosse caisse, à des bruits de grelots et de cymbales. Les assistants, disposés à la gaieté par ce calme de conscience que donne l'aumône, riaient de grand cœur; le pauvre vieillard, lui, souriait et pleurait tout à la fois, et quand le grand artiste, qui venait de faire une royale offrande, tira quelques louis de sa poche et les jeta à son tour dans le fond du chapeau du bonhomme, ce dernier, ne sachant comment lui prouver sa reconnaissance, se laissa retomber sur son pliant, succombant sous l'émotion.

Mais Lablache cherchait à se soustraire à l'ovation qu'on lui préparait, quand le ministre de Toscane, le comte P..., qui se trouvait parmi les promeneurs, et dont la voiture était arrêtée dans la grande avenue, s'avança en lui tendant affectueusement la main, lui offrant une place à côté de lui; c'était un moyen d'échapper à l'envahissement et à la curiosité de la foule. Lablache et le comte se dirigèrent vers la voiture et y prirent place; le vieux soldat voulut l'accompagner, le grand artiste lui serra la main et lui remit une carte de visite en l'engageant à venir le voir.

Plusieurs heures après, les curieux étaient encore groupés autour du musicien et lui faisaient raconter son aventure, qu'il reprenait naïvement, se rendant assez peu compte du rang social qu'occupait ce grand vieillard, dont la tête était si noble et dont la charité venait de lui rapporter en une heure plus que tout son orchestre ambulant depuis quelques années.

L'histoire de Joseph Aubert est celle de la plupart des vieux soldats de la République et de l'Empire; il avait fait, comme volontaire, les guerres de la coalition, et, plus tard, parcouru l'Europe à la suite de l'Empereur; il était à Leipzig, à Eylau, à Iéna, à Friedland, était resté en Pologne lorsque ses compagnons d'armes assistaient à l'incendie du Kremlin, et, plus tard, dans la campagne d'Espagne, il n'avait échappé à la mort qu'en restant caché pendant trente jours sous un tas de paille hachée, dans le grenier d'une posada, où de pauvres gens l'avaient recueilli après son évasion miraculeuse de l'ayuntamiento de Saragosse.

Héros modeste, Joseph Aubert, après vingt ans de service, soit par mauvaise chance, soit parce que son capitaine ne regardait pas de son côté au moment où il faisait crânement son devoir, était rentré dans ses foyers simple soldat, criblé de blessures, incapable de tout travail. Né à Bazeille, petit village situé à une demi-lieue de Sedan, son arrivée au pays natal n'avait pas ému la population, presque entièrement renouvelée depuis son départ, et les vieillards seuls se souvenaient d'avoir entendu dire que le fils au père Aubert était à l'armée.

Inconnu dans son propre pays, où il était arrivé sans pain et sans souliers, soutenu par la charité publique, le maire de Bazeille avait obtenu pour Aubert un secours chèrement disputé à la rapacité des autorités municipales de cette époque, qui voyaient partout des brigands de la Loire.

Le bonhomme, qui était un mohican et se souvenait de ses jeunes années passées au bord de la Meuse, dans les plaines qui servirent de champ de bataille pendant la journée de la Marfé, se mit à tresser des paniers; il n'avait pas son pareil pour prendre les vanneaux au filet et découvrir les nids de ramiers. Les enfants l'aimèrent bientôt, et les jeunes gens du pays, dont le cœur battait au nom de l'Empereur, lui demandaient souvent le récit de ses campagnes.

Vivant de peu, encore robuste malgré ses blessures, il connaissait les remises du gibier et servait de rabatteur quand les seigneurs du pays organisaient une battue. Il vécut ainsi paisiblement sans savoir la veille comment lui viendrait son pain du lendemain, mais sans grande inquiétude de l'avenir.

Les hivers étaient rudes ; Jean Bossua, le maréchal-ferrant de la côte de Bazeille, qui dressait volontiers un escabeau près de sa forge pour l'ancien soldat, mourut subitement, et des étrangers de Charleville vinrent prendre sa place. La saison fut dure pour les pauvres gens, et les petites ressources qui jusque-là avaient suffi à la vie de chaque jour, vinrent à manquer. On conseilla à Joseph Aubert d'aller frapper à la porte de la grande usine de Sedan; mais ce travail des métiers, qu'il ignorait entièrement, lui fut insupportable; chaque fois qu'un rayon de soleil venait frapper les vitres des ateliers, Jean pensait aux bords de la Meuse, aux grands sapins de Lamécourt, aux chasses bruyantes. Enfin, un jour, le fils du maître de l'usine lui assura qu'une lettre du sous-préfet lui ouvrirait les portes du ministère de la guerre et qu'il pourrait finir ses jours aux Invalides, où sa place était marquée. Il partit un matin, le sac au dos, le bâton à la main, et, à l'aide d'un secours que lui donna la municipalité, s'en vint à Paris, tantôt à pied, tantôt dans les charrettes qui s'en revenaient à vide ; il couchait dans les granges ou dans les écuries et se mettait en route au petit jour. Quand les garçons de ferme venaient apporter le foin aux chevaux, ils trouvaient la porte entr'ouverte, regardaient le tas de paille, et disaient :

— Tiens, le vieux est parti !

A Paris, il revit ses compagnons d'armes blessés, perclus, manchots, goutteux, qui vivaient paisiblement aux Invalides ; il fit écrire une demande au ministre de la guerre par l'écrivain public du Gros-Caillou, et se logea dans un bouge, avenue Latour-Maubourg. Il vivait chichement, sans espoir de voir se renouveler le secours qu'il avait obtenu avant son départ. Les bureaux n'en finissaient pas ; il se présenta au ministère ; on lui dit qu'il était encore *solide ;* ce n'était pas son avis ; il dut bientôt vivre des bribes que chaque vieux soldat prélevait sur sa ration. Enfin, un matin, il se souvint de son talent de violoniste :

il avait été ménétrier entre deux batailles ; un de ses compagnons lui prêta un violon, il s'installa sur le pont d'Iéna, s'adossa au parapet, à l'endroit où ceux qui déchargent les marnois descendent sur le quai ; les passants était rares : les étrangers qui viennent visiter les Invalides viennent tous en voiture. Aubert abandonna le quai et vint s'établir aux Champs-Élysées. Là, les petits enfants demandaient des sous à leurs bonnes pour le musicien, et les passants s'arrêtaient devant lui pour laisser tomber une aumône dans le chapeau du bonhomme. Enfin, résigné à son nouveau métier, et s'apercevant que le son qu'il tirait de son instrument était débile et n'attirait plus la foule, Aubert trouva le moyen de faire des économies et d'acheter des cymbales ; le mois suivant il loua une caisse et acheta un chapeau-chinois ; les enfants, que ce bruit animait, firent cercle autour du vieux musicien, qui, désormais, vivait tant bien que mal. Ce fut son bon temps ; il eut à cette époque la bonne fortune que nous avons racontée plus haut.

Quelquefois les loueuses de chaises, qui s'intéressaient au mendiant, ne le voyant pas à sa place accoutumée, se disaient entre elles : « Le vieux soldat est allé pour sa pension. » La pension n'arriva pas ; on créa la médaille de Sainte-Hélène, et le logeur chez lequel habitait le pauvre vieux, qui se rappelait avoir vu les certificats de services de son locataire, le conduisit lui-même à la mairie de son arrondissement. Les papiers étaient en règle ; Aubert reçut la médaille. Le jour où on lui apporta une grande enveloppe ministérielle, il eut une lueur d'espérance et crut qu'on lui accordait son brevet ; mais il restait encore beaucoup de vieux soldats de l'empire, le budget était grevé, la guerre allait peut-être éclater ; du reste, sa demande serait sérieusement examinée.

Enfin, pendant plusieurs jours, les enfants qui venaient jouer sous les arbres ne virent pas le vieux musicien. Madame Robert, qui tenait le théâtre Guignol, se concerta avec les loueuses de chaises, et l'on envoya un gamin avenue de la Tour-Maubourg. Joseph

Aubert était paralysé du côté gauche et ne parlait plus. On s'adressa au bureau de bienfaisance. Le médecin de l'arrondissement gravit l'escalier boiteux et entra dans la mansarde. La grosse caisse était dressée à côté du lit et supportait les fioles et les médicaments ; les cymbales, les grelots et le violon étaient accrochés au chevet du vieillard, qui regardait, les yeux fixes, et ne pouvait proférer une parole.

Le logeur était un brave homme, qui s'emporta contre le médecin, parce qu'il prétendait qu'il ne pouvait rien contre une telle maladie. Il voulait que le vieux eût la croix avant de mourir ; il assurait que cela lui rendrait des forces ; mais le médecin hocha la tête et sortit en prescrivant des frictions et des moxas sur tout le côté gauche. Le logeur descendit au premier, chez deux vieilles demoiselles qui s'intéressaient au vieillard et qui lui donnèrent des chiffons de flanelle. Quand il revint, Aubert était froid et ses yeux étaient encore plus fixes.

Le surlendemain, une douzaine de vieux

invalides et le logeur accompagnèrent l'ancien soldat au cimetière : on attacha sa médaille sur le drap noir et on parla de Waterloo en suivant le convoi. Le logeur disait du mal du gouvernement et appelait les gens de bureaux des *riz-pain-sel*. Il ne parla jamais des six termes que le vieux lui devait.

Tous les Parisiens qui ont trente ans aujourd'hui se rappelleront ce vieillard, qui stationnait encore en 1855 en face du palais de l'Industrie. C'était un vrai héros de Charlet. Son histoire est telle que me l'ont racontée madame Guignol (comme l'appellent les abonnés du théâtre en plein vent) et Jean Bossua, le maréchal-ferrant de la côte de Bazeille.

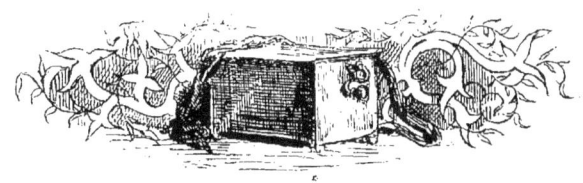

Le chiffonnier philosophe

D'après la lithographie de Traviès, communiquée par M. Champfleury.

LIARD

LE CHIFFONNIER-PHILOSOPHE

IARD a bien mérité le surnom de *Philosophe* que la population parisienne lui a décerné; il l'eût justifié tout à fait s'il n'avait pas eu ce grain de coquetterie qui le poussait à étaler sa science.

Il y avait deux hommes en lui, un homme simple et bon qui, se sentant au-dessus de ses collègues de la hotte et du crochet, leur servait de conseiller et essayait de les arracher à leurs mauvais penchants; un ancien homme *comme il faut*, qui s'irritait qu'on le vînt voir comme un curieux personnage et cherchait à éblouir ses spectateurs par un luxe de citations et un étalage inutile de science.

Liard, à la fin de sa vie, était devenu un peu exalté, et comme on vantait beaucoup sa connaissance des auteurs classiques de l'antiquité, il se promenait en récitant des vers de Virgile et parfois même des morceaux entiers de *l'Iliade* et de *l'Odyssée*.

Un jour, Privat d'Anglemont, dont on connaît les bonnes études sur *Paris inconnu*, voulut avoir de la bouche même du chiffonnier-philosophe des détails circonstanciés sur sa vie. Liard l'accueillit avec dignité, le laissa parler quelque temps, puis entama le récit d'Énée en le modifiant suivant la circonstance :

Infandum, poeta, jubes renovare dolorem.

Privat eut beau faire, il fallut se contenter de ces réminiscences classiques.

Liard avait un fond intarissable de gaieté, il était frondeur et légèrement sceptique, il raillait avec une certaine grâce ceux qui voulaient lui arracher quelques révélations sur son passé, et trouvait aussi bien que Jules Janin une citation ingénieuse pour toutes les circonstances de la vie. Il est évident qu'il n'avait pas toujours manié le crochet et porté la hotte, mais il est difficile de dire au juste quelle était sa position sociale avant cette suprême décadence.

Liard est un Chodruc résigné et qui a vaincu le sort; il est chiffonnier comme on est notaire: pour vivre honorable et indépendant, il n'y a pas de sot métier, et, d'ailleurs, de père en fils, les chiffonniers sont honnêtes gens; il ne s'agit que de fouler au pied le respect humain.— Voilà qui est fait.— Il s'habillera de défroques aussi propres que possible, il logera dans des tapis-francs et dînera chez Paul Niquet; mais il vivra selon ses moyens, sans rien devoir à personne, heureux de cette indépendance, et, comme Bias, portant tout son bien avec lui; il se frottera à tous les vices sans les partager, il traversera toutes les fanges sans être souillé.

Vers neuf heures du soir en hiver, et vers dix heures en été, il quittera la *Fosse-aux-Lions* ou la *cité Doré* où il a un pied-à-terre, et, armé de son crochet, de sa lanterne et de son sac, car Liard n'a jamais porté la hotte, il quittera le boulevard de l'Hôpital, passera les ponts et descendra vers les quartiers où les heureux d'ici-bas font preuve d'opulence jusque dans les détritus que leurs gens déposent à leur porte. Il montera la rue de Clichy ou la rue d'Amsterdam et se rendra sous les arcades du monument de la barrière, où se tient la Bourse des chiffonniers. Depuis qu'on a démoli ce monument, la Bourse est transférée de l'autre côté, dans un cabaret borgne qui fait pendant au restaurant qui a pour enseigne : *A l'Attaque de la barrière Clichy*. On se dira le prix du chiffon, on se partagera les quartiers, et le lendemain on se retrouvera au rendez-vous donné.

Qui voudrait croire, hormis les Parisiens qui l'ont connu, qu'un homme bien né, d'une excellente éducation, ruiné par un de ces événements si fréquents, a pu vivre vingt ans de cette vie, sans chagrins, sans tristes souvenirs, sans se considérer comme un déclassé et, partant, sans envie et sans amertume.

Un jour, les paysans des environs de Paris qui viennent apporter la nuit leurs légumes à la halle, se plaignaient devant lui de cette dure corvée qui les condamne à de dures fatigues. Liard, assis auprès d'eux sur des montagnes de choux et de navets, leva les mains au ciel en s'écriant :

> O fortunatos nimium sua si bona norint.
> Agricolas !

Un inspecteur de la marée, qui avait fait ses classes, passait par là ; il ramassa cette citation et la dénonça au *Corsaire*.

Liard fut une célébrité de la rue, et l'une des moins contestées ; les artistes et les littérateurs se faisaient gloire de le connaître ; il causait volontiers avec eux, et cette fréquentation lui donnait une grande influence parmi ses collègues du crochet. Presque tous les petits journaux du temps contiennent, épars dans leurs numéros, des anecdotes relatives au chiffonnier-philosophe et les bons mots qu'on lui attribuait, exactement comme aujourd'hui on en prête à M. Auber ou à Augustine Brohan.

Traviès, qui fut le peintre attitré des chiffonniers, a laissé dans son œuvre une très-belle lithographie que M. Champfleury m'a communiquée, et ce document, de la plus grande authenticité, m'a servi à faire dessiner le portrait joint à cette notice. La tête est fine et goguenarde, et je crois que l'homme que j'ai décrit est assez celui dont Lhernault a dessiné l'image.

L'HOMME A LA VIELLE

D'après nature

L'HOMME A LA VIELLE

E roi de la vielle hante depuis vingt ans au moins nos places et nos promenades ; on le voit à Lyon, à Marseille, à Bordeaux, à Toulouse ou dans le Nord, et c'est ainsi que s'expliquent ces longs intervalles pendant lesquels les Champs-

Élysées sont veufs de ses concerts. Nous avons tous vu grandir et s'accroître la tribu qui l'accompagne. C'étaient d'abord deux enfants maigres, à face ravagée, qui jouaient, le premier du violon, le second de la harpe ; puis ce fut une jeune fille qui pinçait de la guitare. Plus tard, on vit un quatrième enfant, une petite fille malingre et souffreteuse, vêtue d'une pauvre robe d'indienne et d'un mince tartan ; elle faisait peine à voir, tourmentant une grande harpe à laquelle elle semblait attachée.

Le chef de la famille est vraiment digne d'une étude. Chez lui, la forme n'est devenue commune qu'à force de laisser-aller ; il est très-grand, très-brun, porte la tête rasée et toute la barbe ; il est habillé comme le premier bourgeois venu, mais son chapeau, incliné à quarante-cinq degrés, lui donne un cachet trop pittoresque.

L'Homme à la vielle porte son instrument suspendu à l'épaule par une large courroie, et il est attaché si bas, que, le bras tombant librement en peut tourner la manivelle. Sa vielle est un coquet instrument très-petit et digne de figurer sur une étagère ou de servir de pendant à la musette galante qu'on retrouve dans les tableaux de Chardin.

L'Homme à la vielle est un véritable artiste ; sa vielle a une âme, elle domine l'ensemble de son orchestre ambulant, elle *chante* comme s'il jouait du violoncelle, elle sanglote, et, si ingrat que soit son instrument, il en tire admirablement parti.

Que le goût, que la méthode soient communs et vulgaires, je le veux bien, on ne joue pas impunément devant les foules, et de même que les meilleurs chanteurs de la rue donnent des portées de voix et font des vocalises d'un goût douteux, de même l'Homme à la vielle sacrifie à l'ignorance et à l'instinct des masses ; mais à coup sûr il y a là un artiste, et je regrette de n'avoir pu vérifier l'authenticité de l'assertion de M. Victor Fournel qui, parlant de l'Homme à la vielle dans son livre : *Ce qu'on voit dans les rues de Paris* (où le *Paris grotesque* est en germe sans la classification que j'ai adoptée), avance que l'Homme à la vielle occupa longtemps la place de chef d'orchestre dans une de nos premières villes de province.

Ce père de famille ambulant a toute l'insouciance et le flegme d'un hidalgo ; il regarde à peine son public, dirige froidement son orchestre, réprime d'un coup d'œil sévère le moindre accroc à la mesure et au ton, et promène sur son auditoire un regard terne et sans vie. Quand il s'avance au milieu de la foule, après avoir exécuté un morceau, la main gauche sur sa vielle, et présentant de la main droite son chapeau à ses auditeurs, il est bien rare qu'on lui refuse une obole, qu'il ne considère pas comme une aumône, mais comme la trop faible rémunération de son talent.

Parfois, descendant aux plus basses concessions, il met entre ses lèvres une *pratique* avec laquelle il s'accompagne. Il apporte dans cet exercice la même habileté que dans son jeu, et, quand il stationne aux Champs-Elysées, l'acuité de son de ce nouvel instrument, qui imite le chant de certains oiseaux, attire autour de lui la plupart des promeneurs. Ses recettes sont vraiment sérieuses, et il *brûle* ses auditions. Après deux ou trois morceaux d'ensemble, il retourne sa courroie et sa vielle et change de place afin de changer de public.

Notre héros est du Midi, il devrait être Allemand à cause de ses instincts musicaux ; mais son type et son accent m'empêchent d'en faire même un Alsacien.

Dans toutes les villes de la Confédération germanique, tout habitant qui a deux enfants prie le ciel de lui en donner un troisième, afin de pouvoir organiser des quatuors : la fille aînée tient le piano, le fils aîné joue de l'alto, le cadet de la basse, et le dernier venu jouera de la flûte. Quand sa seconde année a sonné, on donne un violon au dernier né, exactement comme en France nous donnons un fusil et un sabre à notre rejeton, et un beau jour, sans qu'on s'en aperçoive, le quatuor est complet. Notre Homme à la vielle en est là; sa femme était féconde, il a béni le ciel et utilisé les bras disponibles.

A deux ans, on porte les enfants au sein, cela rapporte déjà quelque chose ; à six ans, on passe exécutant et on fait vivre sa famille.

J'ai essayé de définir l'Homme à la vielle ; Daumier, le grand artiste, et Gavarni, l'ingénieux philosophe, pourraient seuls peindre le groupe qui se presse autour de lui. Deux jeunes filles hâves, maigres, avec des velléités d'élégance et des intentions de coquetterie : ce n'est pas la pauvreté, c'est l'indigence civilisée ; elles ont des accroche-cœurs et des bottines lacées ; elles ne boivent pas de vin pour acheter du philocome et portent des cols relevés avec des cravates Solferino.

Les jeunes gens sont sinistres : redingotes noires, gilets à pointes, chaînes de montre en acier, casquettes sur l'oreille, un Gavarni de 1840 : *Tiens, innocent, ça se tient dans l'œil, comme ça!* moustaches imperceptibles et soigneusement entretenues, une mèche de cheveux noirs collée sur le front ; ils lorgnent les femmes et se font appeler *propres à rien* par leur chef d'orchestre ; ils obéissent, du reste, au doigt et à l'œil à ce colosse, qui a l'air d'avoir les notions les plus étendues sur les droits du chef de famille.

L'Homme à la vielle a quarante-neuf ans.

Les embellissements des Champs-Élysées et les cafés chantants l'ont à peu près ruiné; il exerce beaucoup plus en province que par le passé; on le voit encore, au moment où j'écris, au Moulin-Rouge, chez Ledoyen; au café Turc, et parfois dans les restaurants célèbres qui sont aux environs de Paris.

Le joueur de vielle avait, il faut le croire, une famille d'emprunt; car, outre que le personnel de son orchestre ambulant avait varié souvent jusqu'aujourd'hui, il voyage maintenant avec deux acolytes qui forment à eux trois une nouvelle association. Je viens de le voir à l'entrée du parc de Saint-Cloud : il n'a pas beaucoup vieilli; les cheveux, qu'il porte toujours rasés très-près du crâne, sont devenus gris; la face est un peu flétrie, et le costume est beaucoup moins soigné qu'autrefois.

Il a depuis quelque temps complétement renoncé à la vielle; il joue du violon et accompagne une basse profonde et un ténor qui exécutent des cantates où il est question du Mexique.

LE BERGER EN CHAMBRE

D'après Privat d'Anglemont.

LE BERGER EN CHAMBRE

N m'accuserait certainement de fantaisie ou d'invention, si, pour justifier l'authenticité des types dont j'ai entrepris de tracer les silhouettes au crayon et à la plume, je ne citais pas mes auteurs. Le *Berger en chambre* n'existe plus

aujourd'hui ; mais il existait hier. Ce n'est qu'à l'excessif développement de notre civilisation et aux travaux immenses entrepris récemment que nous devons la perte de ce type, l'un des plus curieux de cette modeste galerie. Avant nous, et avec plus d'autorité, puisqu'il s'était fait une spécialité de ces études, Privat d'Anglemont avait signalé l'existence de Jacques Simon.

Simon est né à Bourganeuf, il doit avoir aujourd'hui soixante-huit ans. Il commença par servir les maçons, se lassa de ce métier, et se fit garçon de bureau. Il épousa le premier nez retroussé qu'il trouva sur son chemin, et, après quelques années de mariage, la trop féconde madame Simon, qui avait déjà mis au monde deux jumeaux, accoucha de trois jolis garçons frais et roses.

La Quotidienne donnait chaque jour des nouvelles de la mère et de l'enfant, et toutes les bonnes âmes du quartier se réunirent pour fournir la triple layette.

On fit un rapport à l'assistance publique, qui envoya deux chèvres à la pauvre mère ; mais *la Quotidienne* avait un peu fardé la vérité : les enfants n'étaient ni frais ni roses, au contraire, et madame Simon ne put résister à cette couche : elle mourut huit jours après; les trois enfants la suivirent.

Voilà notre Jacques Simon sans femme et à la tête de deux enfants et de deux chèvres.

Cependant, les dames du quartier, pleines d'intérêt pour l'infortune du brave homme, lui achetaient assez régulièrement son lait et ses chevreaux. Simon conçut alors l'idée de guérir les maladies de poitrine et d'exploiter les organisations délicates.

Il connaissait des carabins ; il apprit de l'un d'eux qu'il suffisait d'introduire dans l'alimentation d'une chèvre un élément ioduré pour que le lait de l'animal eût des qualités fortifiantes.

Avec beaucoup de probité et un peu de bonheur, il prospéra; il eut deux étables à quatre-vingt-dix marches au-dessus du niveau du sol du collége de France, au cinquième étage, étables partagées en CINQUANTE-DEUX BOXES.

La nourriture spécialement affectée à chaque animal était contenue dans une armoire placée au-dessus de la crèche, et, peu à peu, à mesure que la partie scientifique de l'exploitation de Jacques Simon se développa, on put lire au-dessous des noms de chaque chèvre des inscriptions ainsi conçues :

Mélie Morvanguilotte, — nourrie à la carotte, pour madame M..., attaquée d'une maladie de foie.

Jane la Rousse, — foin et herbes de menthe, — mademoiselle A..., pâles couleurs.

Marie Noël, née à l'étable de Jeannette et de Marius, — nourrie de foin ioduré, pour le fils de M..., sang pauvre.

Jacques Simon s'habillait en paysan et portait une veste courte, des sabots, un chapeau à larges bords, et ne négligeait même pas la houlette. Vous avez pu le voir comme nous à l'époque où nous fréquentions le collége de France. Il menait paître ses chèvres du côté des buttes Chaumont, dix par dix; et un jour, de grand matin, nous allâmes nous poster au bas de son escalier, dans une des plus sombres maisons de la rue d'Écosse, pour voir les chèvres accomplir leur descente ; nous n'avions pas voulu croire le récit de Privat d'Anglemont, qui nous assurait que Jacques Simon possédait de vertes prairies et une Suisse en miniature à un cinquième étage. C'était un singulier spectacle, de voir les chèvres descendre les marches de cet escalier sous la conduite du *Berger en chambre,* vêtu de sa limousine et sa houlette à la main.

Jacques Simon aura transporté ses pénates hors les murs, fuyant les ingénieurs et les maçons, ces terribles niveleurs.

M. Haussmann, le sectaire de la ligne droite, à cette révélation inattendue de l'existence d'une étable comptant cinquante-deux têtes de bétail au cinquième étage d'une maison de la rue des Postes, aura mandé messieurs de la Voirie pour avoir à faire cesser ce scandale. Toujours est-il que le *Berger en chambre* n'existe plus et que ces lignes auront été l'oraison funèbre de cet excentrique philanthrope.

PRADIER LE BATONNISTE

'INDUSTRIEL que nous avons l'honneur de vous présenter s'appelle *Pradier*, ni plus ni moins; il s'intitule modestement le premier jongleur de cannes de l'Europe. Je l'avais prié d'écrire lui-même sa biographie; il a décliné cette

tâche, et, avec la simplicité qui sied au vrai talent, m'a raconté sa vie tout entière.

Il est fils de ses œuvres, et c'est à force de travail qu'il est arrivé à cette célébrité européenne. Quelques vils intrigants, nourrissant les plus noirs projets, ont essayé d'insinuer que Pradier est propriétaire d'une maison aux Champs-Élysées, d'un terrain au boulevard Malesherbes, et qu'il possède un nombre exagéré d'obligations du chemin de fer d'Orléans. Comme l'air de la calomnie, ce bruit, d'abord rumeur légère, a pris des proportions épiques, et ce n'est que le jour où il a eu l'honneur de donner une séance, à Biarritz, devant l'Empereur et l'Impératrice, que Pradier a pu se convaincre de la force avec laquelle cette opinion est enracinée.

En effet, après avoir exécuté, aux applaudissements de Leurs Majestés, *le tour des cannes, des assiettes, du saladier, du petit et du gros gobelet, le paratonnerre, le fléau, la pique et ses douze anneaux, la carte volante*, et enfin *ses six principes pour mettre l'argent dans sa poche*, Pradier, un peu ému, attendait quelques mots d'encouragement, lorsque l'Empereur, s'approchant du bâtonniste, lui dit de façon à n'être entendu que de lui seul :

— Vous êtes très-riche, m'a-t-on dit, monsieur Pradier.

C'en était trop ! les têtes couronnées elles-mêmes conspiraient. Pradier se fit humble et représenta que sa famille est nombreuse, que le public, qui se presse autour de lui quand il exécute ses exercices, s'éloigne avec un ensemble parfait lorsqu'il tend à la foule son saladier.

Enfin, parce qu'on s'est résolu à débiter des *boniments* sur les places publiques, il ne s'en suit pas fatalement que vos fils et neveux doivent suivre la même voie; et puis, auront-ils les facultés et le talent de leur père ? c'est douteux. Enfin, il est bien doux d'avoir un fils notaire quand on a fait pendant trente années de sa vie *la pique et ses douze anneaux* sur la place des Pyramides et devant la Madeleine. Il faut donc songer à élever sa famille, lui donner des principes autres que les six *pour mettre l'argent dans sa poche* : et le collége coûte gros, d'autant plus qu'on invente tous les jours des suppléments, comme dans les restaurants à prix fixe. C'est la musique, le dessin, la danse, la gymnastique, l'escrime, l'équitation, et vous pensez bien qu'on ne veut être l'inférieur de qui que ce soit.

Vous voyez donc que ce sont des envieux, ceux qui essaient de vous faire du tort, en répétant partout qu'on a des mille et des cent.

Bref, l'Empereur ne sut à quoi s'en tenir et accorda ce que lui demandait Pradier, le monopole de la place de la Madeleine.

Comme j'ai juré de dire la vérité, et rien que la vérité, je dois confesser que Pradier a deux idées fixes : la première, c'est Mangin, le marchand de crayons, dont la seule vue le glace et lui ôte ses moyens; la seconde, c'est la préoccupation du public.

Pradier conserve religieusement tout ce qui a été imprimé dans les journaux relativement à ses faits et gestes; il nous a laissé pendant un mois entre les mains un volumineux registre qui atteste sa passion pour la publicité. Son nom imprimé lui cause des éblouissements, et

la réclame a des fascinations étranges pour lui.
C'est ce qu'on appelle un homme *habile*, il sait
faire valoir ses talents et spécule même sur la
charité. Un jour, après avoir publié sur lui une
notice et un dessin dans un journal, j'ai reçu de
Lille, de Bordeaux, de Marseille et d'Amiens,
et cela simultanément, des lettres qui me révélaient sa bienfaisance dans de tels termes que
je n'ai jamais douté de sa connivence ; le lenmain, assez maladroitement du reste, Pradier
vint me demander si je publierais les lettres que
j'avais reçues.

J'ai dit que Mangin est le Banquo de Pradier ; il encombre sa pensée comme il accapare
sur la place publique la foule qui devrait se
presser autour du bâtonniste.

Et cependant la pique et ses douze anneaux
et le tour du gros gobelet sont un titre plus
sérieux à l'admiration publique que l'invention d'un crayon. Mais la vraie force de Mangin, ce qui le rend à tout jamais un type, c'est
son casque, c'est là que gît sa force, c'est par là
seul qu'il domine son époque.

Quant à Pradier, savant modeste, il est vêtu

de noir, comme vous et moi. Vingt fois une voix intérieure lui a crié ces mots :

— Le casque ! prends le casque !

Mais Pradier a su résister à cette tentation ; il n'a ni robes éclatantes, ni cimier, ni panache, ni parasol rose, ni Vert-de-Gris sonnant de la trompette et jouant *il Baccio* sur l'orgue de Barbarie; il ne remue pas avec insolence des médailles dorées dans des coffrets renaissance ; il ne déjeune pas chez Maire, et les titis ne lui font pas des ovations lorsqu'il entre dans sa loge, à la Gaîté ; mais il est cher aux troupiers français : les tambours-majors regardent ses évolutions d'un œil d'envie, les bonnes d'enfants s'arrêtent devant lui, les membres de l'Institut le connaissent par son nom.

Les Solons qui vont à la Chambre et les Arthurs qui vont au bois ne passent jamais devant lui sans s'arrêter un instant.

Pradier regrette le temps où il opérait au carré de Marigny, ce temps fortuné où les Parisiens flanaient encore ; il regrette la Constituante, les splendeurs du café Durand, les agitations du Forum, le représentant qui, avant de se rendre à la Chambre, payait son tribut d'admiration aux six principes pour mettre l'argent dans sa poche. Il trônait alors, il était une célébrité, on citait ses bons mots, son insolence elle-même lui donnait un cachet d'originalité ; on disait de lui : *c'est un homme fort.*

Aujourd'hui, de l'autre côté de la place de la Madeleine, dans cette rue qui sépare le marché aux fleurs du temple païen, un homme vêtu de velours et de brocard d'or, portant le heaume et la cuirasse qui scintillent au soleil, un homme que la nature a doué de tous ses dons, monté sur un char brillant traîné par deux coursiers splendidement harnachés, attire à lui la foule et la tient sous le charme de sa parole entraînante.

Pradier, qui veut être utile à sa patrie et qui a de nobles aspirations, a présenté un projet au ministre de la guerre, afin de donner un nouveau lustre à la profession de tambour-major. Il voudrait ressusciter ce type légendaire du tambour de l'Empire qui, en entrant dans les capitales de l'Europe, enthousiasmait les vaincus par sa belle allure et son joli travail.

Il avait rencontré le général Fleury à Biarritz ; il lui a remis sa pétition, qui a été transmise au ministère de la guerre et sérieusement examinée.

Pradier fait toujours l'ornement de la capitale. Il habite, à Belleville, une maison dont on le dit propriétaire ; mais il affirme qu'il est pauvre.

Quoi qu'il en soit, il élève bien ses enfants, vit bien et ne se commet pas avec les autres célébrités de la rue ; Mangin, avec cette supériorité de la vraie force, l'ignore et ne parle jamais de lui. Quant à Pradier, il dissimule assez mal les préoccupations dont il est l'objet en face de ce colosse cuirassé, qui est parvenu à lui enlever le monopole de la place de la Madeleine.

TRIPOLI, FILS DE LA GLOIRE

E grand vieillard alerte, droit et ferme, le sac au dos, la tête coiffée d'un shako de grenadier russe, la moustache en croc, le jarret tendu, l'œil au vent, est un ancien volontaire de la première République, il a connu l'Empereur simple officier en 1798.

Pendant la campagne d'Égypte, il était au mont Thabor et à Aboukir, c'est un de ceux auxquels le grand général a dit : « Du haut de ces pyramides quarante siècles vous contemplent ! » Et quand Kléber, étouffant le futur empereur de ses deux bras nerveux et l'enlevant de terre, lui disait : « Vous êtes grand comme le monde, » Tripoli était encore là.

Il était aussi à Ulm, à Austerlitz, et c'est à la droite, avec le maréchal Soult, qu'il a assisté à cette grande journée dont le soleil nous illumine encore; le soir, quand l'Empereur parcourut à pied les bivouacs, il était un de ceux qui allumaient des torches de paille sur son passage.

Tripoli est plus qu'un ancien soldat, c'est une légende, c'est une des grandes pages de notre livre d'or; il a partagé la bonne et la mauvaise fortune du héros qu'il pleure encore, et, en 1815, il a crânement brisé son sabre. Quand vinrent les Cent-Jours, quand on apprit que l'Empereur venait de débarquer à Cannes, que le brick *l'Inconstant* avait croisé la flotte anglaise et échappé à sa surveillance, que Grenoble ouvrait ses portes, que partout sur son passage l'armée accueillait son ancien général aux cris de : Vive l'Empereur! Tripoli crut encore à l'étoile de son héros et rentra dans la garde; mais Waterloo fut sa dernière étape, et, s'il eût pu suivre l'Empereur à bord du *Bellérophon*, je suis sûr que Tripoli n'eût pas hésité à s'exiler à deux mille lieues de son pays pour ne pas abandonner son général.

Les idées de Tripoli sont devenues vagues et confuses, au milieu de cette fumée de poudre, de ces éclats de bombes, de ce tonnerre des canons; il ne lui reste qu'une pensée fixe, la haine contre les Anglais, et un souvenir, aussi net que s'il datait d'hier, celui de l'invasion des alliés.

Nous n'avons jamais pu parvenir à découvrir la légende de ce shako russe qui sert de coiffure à notre héros. Il doit y avoir là-dessous quelque drame lugubre que nous regrettons de ne pouvoir lui arracher; mais quels que soient les efforts que nous ayons faits pour cela, nous n'avons recueilli que de vagues indications qui fourniraient peut-être des notes pour un roman du temps de l'invasion, mais qui ne sont pas assez sérieuses pour entrer dans une biographie.

L'industrie de Tripoli consiste à vendre une poudre rosée qui sert à nettoyer les cuivres, et comme le sage n'avance rien qu'il ne prouve, Tripoli s'est couvert la poitrine d'une foule de plaques de shakos, de baudriers, de grenades, de boutons qui sont brillants comme l'or, et dont l'éclat est dû à la poudre à laquelle il a emprunté son nom.

Tripoli a ses habitués et ne s'attache pas au casuel : il aime l'indépendance; il pouvait entrer aux Invalides, et a préféré toucher sa pension sans vivre au bord de la Seine, au milieu de ce peuple français que son général aimait tant : mais ses anciens frères d'armes qui savent son histoire et qui reconnaissent en lui un de leurs vétérans, lui assurent une clientèle qui ne lui fera jamais défaut. A l'École-Militaire, les soldats ne voudraient pas nettoyer leurs buffleteries ou astiquer leur sabre avec d'autre poudre que celle du père Tripoli, et le fils de la gloire est toujours le bienvenu parmi les jeunes gens qui peuvent lui raconter leurs souvenirs de Solferino et Magenta, en échange d'un de ses récits pittoresques de Mondovi et de Millesimo.

Si vous errez depuis l'avenue Lamothe-Piquet jusqu'à la grille de l'École, où si vous longez le quai depuis le ministère des affaires étrangères jusqu'au pont d'Iéna, vous êtes sûr de rencontrer Tripoli, la pipe à la bouche, encore droit et ferme et toujours un peu *gai*. Il fait rimer volontiers gloire et victoire, et fredonne des chansons d'un autre âge. Je l'ai connu plus brillant qu'aujourd'hui, mais néanmoins, personne en voyant ce grand vieillard si heureux et si fier d'être Français, ne pourrait s'imaginer qu'il a connu Moreau et Pichegru, qu'il a passé la Bérésina et qu'il a vu les flammes du Kremlin. Par un certain respect de la discipline, Tripoli a conservé le costume militaire; il porte toujours le sac et la veste de petite tenue. D'une propreté et d'une rigidité toute militaire, il semble toujours prêt à répondre à un appel ou à une sonnerie de clairon; il parle volontiers seul, et comme le pauvre homme n'a plus beaucoup de suite dans les idées, il n'est pas rare de l'entendre tout d'un coup entamer un commandement militaire de toute la force de ses poumons.

Il pousse jusqu'au fanatisme le respect de la consigne, et se trouve si malheureux de ne plus en recevoir depuis plus de trente ans, qu'il s'en impose de volontaires auxquelles il se garde bien de manquer.

Vivant dans une modeste aisance, grâce à sa pension et à sa petite industrie, il peut, de temps à autre (peut-être un peu souvent), boire à la mémoire du grand homme, et quand reviennent les glorieux anniversaires, quand Tripoli endosse ses glorieux haillons pour aller sous les voûtes des Invalides déposer une couronne sur la tombe du *général,* voyant de nouveaux drapeaux se joindre à ceux qu'il a vu remporter, il trouve que *les Français sont toujours les Français*, et qu'il y a encore de beaux jours pour sa patrie.

MANGIN

D'après la photographie.

MANGIN

MARCHAND DE CRAYONS

ANGIN est plus qu'un type, c'est un symbole, et je suis certain que la génération qui nous suivra désignera, comme la nôtre, sous ce nom devenu un qualificatif, les faiseurs, charlatans, impudents et autres saltimbanques.

Duchesne, le dentiste en plein air, n'avait pas dit le dernier mot du charlatanisme; la cravate blanche, l'habit noir, la calèche à deux chevaux, l'orgue de Barbarie étouffant à point nommé les cris du patient : tout cela, sans doute, était bien fait pour attirer la foule ; mais *le Casque* éclatant, scintillant au soleil, le casque empanaché, surmonté d'un cimier, luisant, frotté, poli, le casque impudent, fascinateur, voilà l'attribut qui fait de Mangin un chef d'école, un innovateur hardi.

Mangin, à l'époque où j'écris ces lignes, a quarante-quatre ans, il est arrivé à l'apogée de sa gloire, et c'est de toutes les célébrités de la rue la plus incontestable et la plus incontestée.

Il paraît jouir d'une certaine aisance, et, à travers la période des luttes qui incombent à tout novateur, il est le roi de la place publique et châtie les foules; car il sait que la tourbe des Parisiens est comme certaines femmes vicieuses, qui aiment à trouver un maître qui les batte et les insulte.

Depuis le jour où il a paru pour la première

fois sur la place publique, il a subi plusieurs transformations; cette incarnation sera, je crois, la dernière, et, tout au plus il se modifiera; mais désormais il a trouvé sa formule et ne peut plus que décroître.

Il raconte, en débitant son *boniment* sur les places publiques, comment il a été conduit à endosser son costume éclatant. Il était humble et modeste, comme il convient au vrai mérite; mais il restait confondu dans la foule et il avait hâte dans sortir. Il a dompté le préjugé, dominé son époque et donné le grand spectacle d'un homme foulant au pied la fausse pudeur et répudiant tout intermédiaire entre lui et le public.

Aujourd'hui, grâce à tant d'aplomb et de sérénité, grâce surtout au casque, au char étoilé, à Vert-de-Gris, son acolyte, à l'orgue de Barbarie, Mangin est célèbre, et son apparition sur une place publique suffit pour attirer la foule autour de lui.

Mangin est devenu l'idole des titis, et, depuis quelque temps, sa célébrité le gêne autant que l'obscurité de certaines gens leur est insupportable. Le Marchand de crayons raffole des premières représentations, et chaque fois que le *Cirque*, la *Gaîté* et l'*Ambigu* donnent une pièce nouvelle, notre héros, en quelque coin de la salle qu'il se cache, est aussitôt reconnu par les pâles *voyous*, qui se prennent à crier d'instinct, sur l'air *des Lampions* : *V'là Mangin, Vive Mangin!*

Celui-ci commence par remettre modestement son chapeau et l'enfonce jusqu'aux yeux pour se soustraire à cette démonstration ; mais chacun l'a désigné du doigt à son voisin, et le tumulte redouble. Alors Mangin se lève et salue la foule avec respect.

Le jour de la première représentation des *Beaux Messieurs de Bois-Doré*, l'accueil fait au Marchand de crayons avait été plus que bruyant : une voix partie du poulailler fit entendre ce cri : *Parlez au peuple*, et Mangin, digne et sévère, remercia la population parisienne des marques de sympathie qu'elle lui donnait à chaque instant. Le jour de *Marengo*, la même scène se renouvela.

Mangin se tient habituellement sur la *place de la Bourse* et sur la *place de la Madeleine;* il

affectionne encore la *place du Château-d'Eau* et la *place de la Bastille*. Je ne crois pas qu'il fasse d'excursion hors de ces points. La *place des Pyramides*, celle de la *Madeleine* et celle de la *Bourse* sont des places favorisées, et *Pradier le bâtonniste*, qui a eu l'honneur de faire la *pique et ses douze anneaux* devant les têtes couronnées, s'est enhardi à demander de vive voix à un ministre la permission d'y *travailler*.
« Mangin doit être puissamment protégé, me
» disait *Pradier* avec un dédain craintif, car
» il a obtenu la même permission que moi, sans
» avoir eu l'honneur de travailler à Biarritz
» devant le Monarque. »

Le Marchand de crayons arrive en voiture à deux chevaux ; il est vêtu comme vous et moi, et son équipage ne se signale par aucun de ces bariolages chers aux charlatans ; on remarque seulement que le domestique qui se tient à l'arrière a devant lui, appuyée sur la capote de la voiture, une boîte carrée, assez élevée, couverte d'une housse. Mangin conduit lui-même ; il arrête son équipage, se lève, prend un cadre et l'accroche au fond de la voiture : c'est son portrait photographié ; puis il place devant lui un coffret renaissance qui contient des médailles à son effigie, et procède à sa toilette : il revêt la tunique de velours noir à franges d'or, met ses brassards, ceint la cuirasse et l'épée, et saisit son casque étincelant ; il étend la main en se tournant vers son acolyte *Vert-de-Gris,* qui a revêtu une tunique et un casque sans cimier. A ce signal, l'ilote, enlevant avec dextérité la housse qui cache l'orgue de Barbarie, joue sur un mode entraînant l'air du *Baccio.*

Mangin, lui, calme et digne comme un dieu d'Homère, promène sur la foule qui entoure sa voiture un regard scrutateur; il fixe parfois un des assistants et baisse brusquement la visière de son casque. La guivre aux ailes ouvertes qui orne son cimier scintille au soleil. Mangin ouvre un immense parasol rose et le fixe sur le devant de sa voiture. Tous ces préparatifs sont faits avec une lenteur calculée, avec un calme qui irrite la foule et lui fait désirer avec impatience le moment où l'orateur *parlera au peuple.* Enfin, Mangin étend la main du côté de *Vert-de-Gris,* l'orgue se tait, le Marchand de crayons agite sa sonnette, il ouvre la bouche comme s'il allait parler... mais il la referme en fronçant le sourcil : on dirait qu'il vient d'apercevoir dans la foule un spectateur dont la vue le paralyse... Il parle, enfin :

« Vous vous demandez, messieurs : Quel est donc ce chevalier? pourquoi ces vêtements d'un autre âge? pourquoi ces chevaux richement caparaçonnés, ce carrosse doré, cet attelage bizarre, ces bruits de caisse et de cymbales, ce gigantesque parasol? Messieurs, c'est que la foule est aveugle et qu'il faut l'étourdir par le bruit et l'éclat. Savez-vous où est ma force, messieurs? Dans mon casque... sous ce panache audacieux. Autrefois, je laissais aux hommes de bonne foi le soin de reconnaître l'excellence de mes produits et je comptais sur le bon sens de la foule... Erreur... messieurs... la foule est ignorante et aveugle, je le répète ; et moi, qui me sens la force de dominer mon époque... Oui, je te domine, époque! et les races futures se souviendront de Mangin!... moi, modeste autrefois, j'ai bu toute honte, et je viens sur la place publique faire effrontément ce que mes confrères les journalistes du grand format font à la quatrième page de leurs feuilles.

(*Il feint d'entendre une apostrophe partie de la foule.*)

» Charlatan, dites-vous? — Eh! oui mon Dieu! je suis charlatan! c'est mon métier, on ne saurait plaire à tout le monde. — On n'est pas louis d'or, et tout le monde n'a pas le bonheur de naître épicier.

» Voulez-vous savoir comment je fus conduit au charlatanisme? Écoutez-moi pendant quelques instants.

(*Il tire une belle montre d'or de son gilet, en examine ostensiblement la chaîne et les breloques, et montre l'heure à son auditoire.*)

» Autrefois, messieurs, je venais sur les places publiques habillé en notaire... la foule passait silencieuse; je restais seul... (Un autre que moi eût cédé à l'envie de dire.... une.... deux.... trois.... avec son déshonneur).... Un jour, oh! un jour, c'était en carnaval, un Polichinelle passa; les bourgeois, stupides et ânes (c'était vous tous, messieurs), le suivirent et l'entourèrent, car c'était un vrai Polichinelle, un de ces *crâneurs* de carton qui portent les bosses et le hoqueton rayé. M. Dennery lui-même *(Il retire son casque et salue)* eût envié la longueur de la queue qu'il traînait après lui. Ce fut une révélation !

» Le lendemain, je parus sur la place publique costumé en Polichinelle, et, vous le voyez, messieurs, vous m'écoutez ! *(Il fixe un des assistants).* — Peut-on rire quand on a une boule comme la vôtre ? — Pardon, monsieur ! — Du reste, je ne vous demande rien ! mais, soyez tranquilles, je ne vous donnerai rien non plus.... Je me nomme Mangin ! Je vends des crayons et je les fabrique moi-même ; seul de mon industrie j'ai eu les honneurs de l'Exposition universelle... de Londres.... Je ne me mouche pas du pied.... Mon portrait est à la porte de presque tous les débits de tabac de Paris, et je vends mes crayons *vingt centimes*.

» Si quelque inventeur, fabricant, marchand, physicien ou philanthrope me présente des crayons meilleurs que les miens, je donne mille francs, *(Avec sang froid)* non pas à lui, ce serait faire un pari, *(Avec indignation)* et je déteste les paris, *(D'un air angélique)* mais aux pauvres du XIIIe arrondissement.

(Ici Mangin saisit un de ses crayons, le taille et en frappe violemment la pointe contre la tablette de la voiture; puis, de plus fort en plus fort, il le fixe par cette même pointe dans un trou fait à la planchette et frappe dessus à coups redoublés; il saisit encore un morceau de sapin, se sert du crayon comme d'une gouge et fait des copeaux. Après cette opération, il prend une ardoise blanche, fixe un assistant quelconque, fait mine de lui faire son portrait. Après avoir travaillé un instant, il montre à la foule une tête d'âne assez naïvement dessinée.)

» Quand j'étais simplement habillé en notaire, je vivais mal et je n'écoulais pas mes produits; aujourd'hui, j'ai deux cents dépôts dans Paris (ce ne sont pas des peaux de lapins). Je déjeune chez Maire, — un bon filet, — bien saignant, — et du bordeaux à tous mes repas. Quant à mes détracteurs, car l'envie s'attache toujours au vrai mérite, ils verdissent pendant que je deviens rose et frais, et boivent de l'eau comme des canards. »

Voici, dans toute sa sincérité historique le boniment de Mangin ; ce que je ne saurais rendre, ce sont les jeux de physionomie dont il accompagne son débit, ses inflexions de voix et ses différents gestes. Un des effets comiques de Mangin, effet employé du reste avec succès par quelques pitres célèbres, c'est le passage de la voix de ténor à la voix de basse et réciproquement, au moment où la foule s'y attend le moins.

Mais ce discours, si monumental qu'il soit, n'est que la parade, la bagatelle de la porte. Mangin procède à la vente : il ouvre son fameux coffret sculpté et remue avec ostentation les médailles dorées qu'il contient ; il prend un paquet de ses cartes photographiées, et, pour la modique somme de 1 franc, donne à ceux qui les désirent la médaille, la carte et une demi-douzaine de crayons.

Vert-de-Gris taquine son orgue et excite la foule, qui se précipite sur les denrées de son maître. Quand la vente s'épuise, Mangin, qui n'a cessé de débiter des lazzis d'un haut goût, annonce avec hauteur que lorsque l'horloge de la Bourse sonnera trois heures, c'est-à-dire dans quelques minutes, il quittera la place. L'heure sonne, Mangin ôte sa cuirasse et sa robe, *le casque tombe, l'homme reste, et le héros s'évanouit.*

Malgré les demandes de la foule, le marchand de crayons est inflexible; il descend de voiture, et, vêtu désormais en *notaire*, il se dirige chez le marchand de vins qui fait le coin de la rue Vivienne.

Je suis de l'avis de Royer-Collard, *la vie privée doit être murée,* et puisque Mangin est redevenu un *bourgeois* comme vous et moi, je ne compterai pas les *canons* qu'il absorbe.

Albert Monnier, qui a beaucoup suivi Mangin, appelle ce dernier instant pendant lequel le charlatan fait ses libations, *l'heure du crayon défendu.* En effet, le domestique, resté seul, abandonne son orgue; il remue les crayons et fait luire aux yeux de la foule leur surface dorée. Quelles que soient les sollicitations des acheteurs, il refuse leur argent ; enfin, il daigne vendre un crayon, puis deux... puis cent, en disant à chacun : *Surtout que Monsieur ne me voie pas, car il est trois heures dix!*

Le rôle de *Vert-de-Gris* est très-effacé, son nom devient patronymique et sert à désigner tous ceux que Mangin attache à son char et arme chevaliers ; il me semble même (autant qu'on en peut juger sous le costume moyen-âge que le marchand de crayons a pris pour livrée) qu'il est capricieux et renouvelle souvent son domestique.

Théodore de Banville, dans sa 10e Occidentale des *Odes funambulesques,* a chanté Vert-de-Gris.

Une Cydalise de Pantin a perdu l'ami de son cœur et descend... au bal de l'Opéra... demandant à tous les échos du foyer l'*objet de son amour*. Le poëte fait défiler devant elle les rois du feuilleton, les princes du théâtre, *la cohorte insigne*

Des artistes, cerveaux en fleur.

Mais quand tous les timbaliers sont passés,
elle secoue tristement la tête.

> Quel peut donc être, enfant candide,
> L'homme célèbre, mais perfide,
> Qui n'est pas parmi ces passants?
> Il n'est pas peintre? c'est étrange ;
> Alors, quel succès est le sien?
> Il n'est donc pas, non plus, mon ange,
> Poëte, ou bien agent de change?
> Ni boursier? Ni musicien?
> Si, répondit-elle ; il se pique
> D'être un merveilleux baryton,
> Et, malgré son joli physique,
> Il fait souvent de la musique
> Avec son cornet à piston !
>
> . . . .
> Il aimait à faire tapage
> Par les beaux jours pleins de rayons,
> Assis en vêtement de page
> Sur le sommet d'un équipage,
> Derrière un marchand de crayons !
>
> . . . .
> Car leurs coussins étaient deux trônes,
> Quand mon Arthur sonnait du cor
> Près de Mangin en galons jaunes,
> Qui sent des plumets de deux aunes
> Frissonner sur son casque d'or !

Remarquez que cette charmante débauche de poésie date de la seconde incarnation. Mangin n'avait pas encore adopté l'usage de l'orgue de Barbarie, mais le *Vert-de-Gris* classique était musicien, et comme le Marchand de crayons ne pouvait trouver un successeur doué du même talent, il se munit d'un orgue et diminua les appointements, se fondant avec raison sur ce principe : que la famille de *Vert-de-Gris* avait dû dépenser une partie quelconque de son patrimoine à faire apprendre les *arts d'agrément* à son premier valet.

Mangin aspire, je crois, à rentrer dans la vie privée ; il ne donne plus que d'assez rares séances ; il parcourt les provinces, mais il étonne plus qu'il ne charme.

Le public parisien le traite en enfant gâté et lui passe ses insolentes fantaisies. Les bourgeois d'Orléans, de Tours ou de Poitiers craignent de se singulariser en achetant des crayons à ce chevalier. Mangin nous reviendra, il reconnaîtra que Paris seul peut le comprendre et l'apprécier.

L'ANTI-MANGIN (CLAUDE COTE)

MARCHAND DE PIPES ANTINICOTINES

 l'endroit même où s'élevait autrefois la barrière de Clichy, à deux pas du lieu où se voyait jadis l'historique palissade de planches qui servit de retranchement au maréchal Moncey, entre le père Lathuile et Wepler, voués aux bombances hyménéennes, à deux pas de

la *Bourse* des chiffonniers, l'administration municipale, qui veut faire goûter aux ex-Batignollais les douceurs et les priviléges du droit de cité, a tracé l'emplacement d'un square circulaire où déjà se dressent quatre candélabres décorés de la nef, la voile au vent, avec la devise : *Fluctuat nec mergitur*.

C'est là que se dressera, dit-on, la statue du général Moncey, et là, qu'en attendant l'érection du bronze, *Claude Cote*, dit *l'Anti-Mangin*, vient chaque dimanche exposer à la foule avide ce merveilleux système qu'un gouvernement ingrat n'a pas encouragé.

Les lauriers de Mangin empêchaient Claude de dormir; il avait toujours devant les yeux cette robe d'or et de brocart, ce casque étincelant, ce brillant panache qui se balance au gré du vent, cette cuirasse qui scintille au soleil et cette barbe majestueuse qui s'encadre avec tant de grâce sur le fond éclatant d'une collerette à la Stuart.

Vert-de-Gris lui-même, Vert-de-Gris l'humble joueur d'orgue, qui rend à Mangin le service que le joueur de flûte rendait à l'orateu romain, Vert-de-Gris, avec sa tenue modeste et son air soumis, lui trottait par la tête et le démon de l'envie l'avait mordu au cœur. Claude Cote, humble artisan qui cherchait dans le silence de l'atelier une panacée contre la nicotine, se persuada un jour que les savants qui se tiennent dans l'ombre, affectant une humilité et une réserve qui sont l'apanage du vrai mérite, étaient voués pour toujours à l'abandon et à l'obscurité. Un jour qu'il traversait tout pensif la place de la Bourse, il entendit le grand Mangin apostropher la foule ; il le vit abrité de son immense parasol rose, vêtu de velours noir et galonné d'or, sa cuirasse brillait au soleil, son casque était étincelant, il raillait la foule et la maniait à son gré, il remuait ses médailles dorées dans son coffret sculpté, il était insolent, dédaigneux et superbe, et le serpent de l'envie le mordit au cœur. Quel philtre possédait-il donc, cet homme, pour charmer ainsi la foule?

Claude Cote devint rêveur, il fit son examen de conscience et crut pouvoir attribuer tout l'entraînement de la foule vers Mangin à l'amour du public pour tout ce qui brille, à cette ivresse étrange qui force le papillon à se brûler au foyer lumineux; il rentra rue de Sèvres, où il habite, et passa une nuit horrible. Le lendemain, on le vit se diriger vers le Temple et marchander des étoffes bariolées et de vieux galons d'or.

Huit jours après, monté sur une petite charrette à bras, à laquelle il avait adapté une tribune volante et des trétaux pour supporter l'orgue de Barbarie de son compagnon, le faux Vert-de-Gris, revêtu d'une robe de velours rouge galonnée d'or, un écusson sur la poitrine, *Claude* prouvait d'une façon claire comme le jour à tous les Batignollais qu'ils avaient déjà un pied dans la tombe, grâce à la quantité invraisemblable de nicotine que les pipes vulgaires leur laissent librement absorber. Il leur proposait son nouveau système, moyennant la bagatelle de 10 centimes.

Mangin, revenant le long des boulevards extérieurs après une séance donnée à l'Arc de triomphe, vit plusieurs fois l'Anti-Mangin, le plagiaire Claude Cote, attirer la foule à l'aide d'un *boniment* qu'il avait emprunté au chef d'école. Mais

> Mangin poursuivant sa carrière
> Jetait des torrents de lumière
> Sur ses obscurs blasphémateurs.

LA FIANCÉE DE BORIES

La vieille au bouquet

D'après nature.

LA VIEILLE AU BOUQUET

LA FIANCÉE DE BORIES

ous, ou presque tous les journaux parisiens du 20 août 1863 ont enregistré comme *fait divers* une note conçue dans des termes à peu près semblables à ceux-ci :

« Il vient de mourir à l'Hôtel-Dieu une

vieille femme que tout le monde a rencontrée de l'autre côté de l'eau. Entièrement courbée en deux, de façon que sa tête touchait presque ses genoux, cette bonne vieille marchait appuyée sur un bâton plus haut qu'elle, en redressant la tête vers les passants d'une façon singulière. Cette femme ne mendiait pas, et répondait avec une brusquerie assez fière aux questions qui lui étaient adressées ; et, dans le faubourg Saint-Germain, où on la rencontrait habituellement, peu de personnes savaient son histoire. Beaucoup l'appelaient : *la Vieille au bouquet*, car en tout temps elle en portait un à son fichu, et l'on ignorait la raison de cette coquetterie, si étrangement placée.

» Ceux qui avaient pu pénétrer le secret de cette femme voyaient en elle une victime de nos luttes politiques, un témoin, presque un acteur de l'un des épisodes les plus tristes de la Restauration. Cette vieille flétrie et usée, cette pauvre femme courbée par l'âge, avait été la fiancée de Bories, l'un des quatre sergents de la Rochelle. Le bouquet qu'elle portait sans cesse était un souvenir de celui que le condamné lui avait jeté, soit en sortant de la prison, soit même sur l'échafaud, car elle avait poussé le courage et le dévouement à son ami jusqu'à le suivre au pied de la guillotine.

» Jamais, depuis, on ne l'avait vue un seul jour sans qu'elle portât, frais ou fané, selon la fortune du moment, ce lugubre *vergiss mein nicht* de sa dernière entrevue avec son ami.

» Elle habitait rue du Cherche-Midi, n° 94, et ne recevait personne. Sa promenade journalière était le cimetière Montparnasse, où la tombe des quatre sergents est encore l'objet de pieux pèlerinages de la part de ceux qui n'oublient pas. Quand elle a été trouvée sans connaissance, à la fin du mois dernier, sur le quai des Orfévres, et conduite à l'hospice, elle avait 8 francs sur elle; ce n'est donc pas de misère qu'elle est morte. Cette noble expression de la fidélité est allée finir sur un lit d'hôpital, et de celle qui n'était connue que sous le nom de Françoise François, il n'y aura peut-être que ces lignes qui consacreront le pieux souvenir. »

La fiancée de Bories était effectivement très-populaire dans le faubourg Saint-Germain, tous les étudiants et les artistes l'ont connue, et beaucoup d'entre eux l'arrêtaient quand ils la rencontraient ; mais ce n'est que le jour de sa mort que la partie curieuse de sa vie a été révélée au public par quelques-uns de ces fureteurs qui veulent tout savoir.

La Vieille au bouquet, c'est le seul nom qu'on lui donnait, était d'une rare insolence, le mot brusquerie est trop doux pour qualifier ses emportements. Elle était effectivement courbée en deux, comme on peut le voir dans le dessin que j'en donne ici, dessin exécuté d'après nature, en 1860; et quand elle relevait la tête avec la pétulance et la vivacité qui ne l'ont abandonnée qu'à sa dernière heure, elle avait l'allure de ces fées qu'on rencontre au coin des bois dans les contes de Perrault, et qui font, à chaque parole que prononcent les jeunes filles méchantes, sortir de leur jolie bouche des couleuvres et des crapauds.

La fiancée du sergent (j'adopte cette version, que je connaissais depuis assez longtemps et qui n'était alors consignée que dans la tradition, n'était pas insensible aux petits verres que lui offraient les étudiants. La marchande de prunes de la rue Soufflot a vu bien souvent s'arrêter à son comptoir, amenée par les Cujas et les Dupuytren de l'avenir, celle qu'on connaissait dans le quartier sous le nom de « *La Vieille au bouquet.* »

LE MAITRE D'ITALIEN

D'après le croquis de Ch. Yriarte.

LE PROFESSEUR D'ITALIEN

ARMI tous ces excentriques, il en est quelquesuns que j'évoque, pour ainsi dire, et qui me reviennent à l'esprit comme un refrain entendu dans mon enfance, un assemblage de notes vagues qui sont plutôt un faible écho qu'un

chant arrêté et défini; mais comme l'artiste vient au secours du littérateur et que mon crayon a retenu les traits de ces personnages, je veux les fixer ici, persuadé que parmi les lecteurs parisiens quelques-uns se souviendront et souriront à ces pauvres monomanes que j'aime et dont je tente de rendre le souvenir palpable.

Le Professeur d'italien était un grand vieillard qui pouvait avoir soixante ans en 1845, il aurait donc aujourd'hui soixante-dix-huit ans (s'il vit encore, ce qui n'est pas probable). Sa taille mesurait bien près de six pieds, nous l'avons souvent vérifiée, et il se prêtait avec bonté à cette fantaisie d'enfants auxquels on pardonne tout. Il était toujours vêtu avec soin, portait un ample habit bleu barbeau à la française et orné de boutons d'or, un pantalon noir à pont, une cravate blanche, un chapeau pointu à larges bords.

Il était très-basané, portait une moustache grise un peu crépue et une longue impériale qui ombrageait tout le menton. Il avait constamment sous le bras une liasse de manuscrits, sonnets, concetti, voire même poëmes écrits dans la langue du Tasse, et s'appuyait sur une longue canne très-haute assez semblable à celle des compagnons du Devoir.

Joignez à cela la manie de se chamarrer des ordres les plus invraisemblables : une rosette rouge de commandeur de la Légion d'honneur s'étalait sur sa poitrine, et une série de médailles religieuses, commémoratives ou autres, accompagnaient les ordres apocryphes qu'il se conférait gratuitement.

On le voyait errer depuis la barrière de Belleville jusqu'à l'arc de triomphe de l'Étoile, et tout le long des boulevards extérieurs; c'était notre Ahasvérus, et nous lui avions persuadé, alors qu'un jour de sortie nous l'avions rencontré assis sur les bancs de repos qui ornaient les promenades, de venir se proposer comme maître d'italien dans les nombreuses institutions de jeunes gens qui, à cette époque, étaient établies aux portes de Paris. Il fréquenta pendant quelque temps l'établissement de M. Regnauld, aujourd'hui dirigé par M. Delahaye, entre la barrière de la Réforme et celle de Monceaux; il vint aussi offrir ses services à M. Dastès, qui dirigeait l'institution la plus sérieuse de Batignolles, rue des Dames ; on l'y reçut avec douceur et on le laissa causer avec nous ; mais il ne fallut pas longtemps à chacun des élèves pour se persuader que le pauvre homme était sous l'empire d'une monomanie. C'était à coup sûr un exilé politique ; il parlait constamment de Venise et roulait des yeux féroces en parlant de l'Autriche. Quand il avait longuement péroré, il déliait le volumineux dossier qu'il portait sous son bras et nous exposait sa nouvelle méthode pour apprendre rapidement l'italien.

Mais la fantaisie était rigoureusement bannie du système d'éducation en vigueur dans nos institutions, et après quelques dithyrambes passionnés sur Venise, on lui assura que la place était déjà prise et qu'il fallait aller exposer plus loin ses doctrines.

Le Professeur d'italien parlait souvent de *Carnevale*, qui lui faisait concurrence ; c'est lui qui nous initia à certaines particularités de sa vie. On le tolérait à la légation de Toscane ; et comme c'était un vieillard doux et paisible.

qui avait même quelque grâce dans son langage, les dames lui donnaient volontiers de vieux rubans dont il se décorait à outrance.

Parvenu à l'âge d'homme, nous le revîmes souvent en divers quartiers de Paris, toujours revêtu du même costume et des mêmes insignes; propre, digne et toujours aussi silencieux. Nous avons vainement cherché à nous rendre compte de la façon dont pouvait vivre le *Professeur d'italien*. Sa pauvreté n'était pour personne un mystère; mais quelques Italiens, entre autres le célèbre Carcano et les différents artistes qui se sont succédés aux Italiens, nous ont assuré qu'il vivait des libéralités de certaines célébrités de l'émigration italienne.

Il a disparu vers 1852, et tous les efforts que nous avons faits pour retrouver sa trace ont été infructueux. Quoique dessiné de souvenir, le dessin qui accompagne ces lignes rappellera à ceux qui l'ont connu ce grand vieillard qu'on appelait aux Batignolles *l'Exilé*.

L'HOMME SANS CHAPEAU

A manie est innocente; en toutes choses d'ici-bas il pense comme vous et moi. Ce n'est même pas un fantaisiste, il serait plutôt bourgeois et prud'homme ; mais il a horreur du chapeau et n'en a jamais porté, si bien qu'on le

voit errer tête nue dans toutes les rues de Paris.

Vous croyez, en le voyant passer sur les boulevards, qu'il est sorti en voisin pour faire une emplette ; — erreur, il est là fort loin de chez lui, et quand il voyage il ne couvre pas davantage son crâne poli comme une bille d'ivoire et habitué aux intempéries.

Soutenez après cela que notre lourd chapeau noir est une des causes de la calvitie précoce de notre génération; voici un original qui, dès son âge le plus tendre, jetait sa calotte par dessus le premier moulin venu, et dont jamais, au grand jamais, le crâne n'a été souillé par notre ignoble gibus. Amère dérision ! flagrante inconséquence ! il est chauve comme Jules Sandeau ou le docteur Laborie, et pour désigner Siraudin placé à côté de lui, le premier venu dirait, sans intention épigrammatique : « le plus chevelu de ces deux messieurs? »

Mais une calvitie aussi radicale ne constitue pas seule un titre à l'admiration de ses contemporains; *l'Homme sans chapeau* est un dilettante passionné, et les Parisiens l'appellent encore *l'Ami des musiciens*. Il est de tous les orphéons, il assiste à tous les concerts populaires, il organise, administre et pousse l'enthousiasme jusqu'au point d'accompagner les masses chorales lorsqu'elles vont de département en département, concourir ou donner des festivals.

L'Homme sans chapeau porte toujours en bandoulière une de ces petites bourses chères aux Anglais en voyage. Pendant l'été, quand les régiments de la garnison de Paris donnent des concerts dans les différents quartiers de la capitale, il passe des Tuileries à la place Vendôme, et regrette amèrement de ne pouvoir, à la même heure, assister à celui de la place Royale.

L'Homme sans chapeau a quarante ans; il est blond comme Arsène Houssaye et paraît de mœurs douces; il adore la foule et ne paraît nullement gêné quand l'attention de ses contemporains se concentre sur lui. Quelques gens systématiques, et que ce parti pris agace, lui vantent parfois les avantages de la coiffure; il écoute leurs observations avec bienveillance, mais il ne saurait se convertir.

On l'a vu récemment, lors des ascensions solennelles du *Géant*, prêter son concours à Nadar, organiser, administrer et diriger. Il semble que la foule l'attire et qu'il ne se plaise qu'au milieu des Parisiens en effervescence.

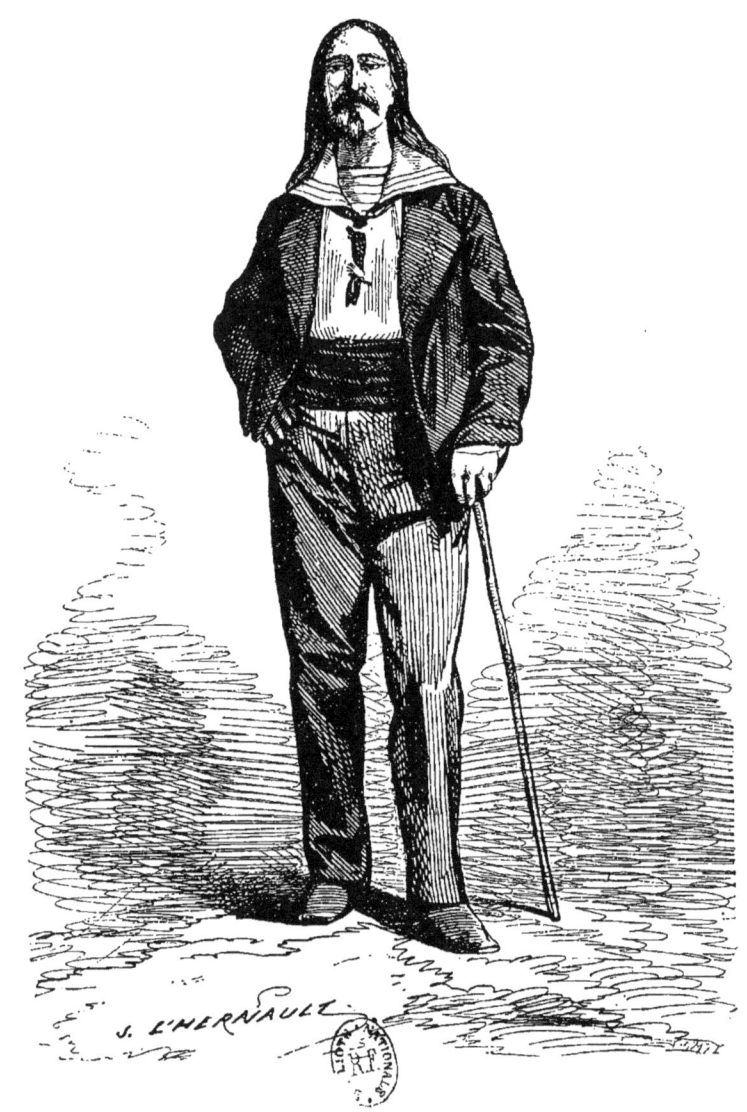

LE MARIN

D'après nature.

LE MARIN

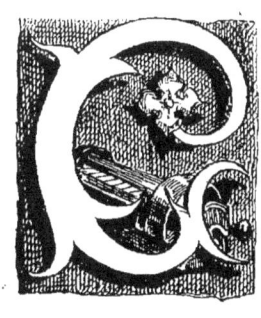ET industriel, que les flâneurs ont surnommé le *Marin*, et qui s'appelle *Clément*, stationne généralement dans la cour des Fontaines. Il porte encore le costume de la marine impériale, où il a à peine fait un congé, puis-

que, avant de s'adonner à l'orviétan, il était modèle à l'Académie de Liége. C'est un grand gaillard bien découplé, que les femmes de ses collègues de la rue trouvent *bel homme*.

Dans ces dernières années, il est devenu un peu pléthorique et sa taille a perdu de son charme, la voix est devenue rauque, et l'œil, fier autrefois, est un peu vague aujourd'hui.— Vous m'entendez bien...... pampres et libations......

L'industrie du *Marin* a son point de départ dans la munificence avec laquelle dame nature s'est plue à l'orner d'une chevelure invraisemblable par sa longueur et sa force, exactement comme le marchand de poudre pour les dents a profité de la blancheur naturelle et immaculée de son ratelier, pour s'établir marchand de poudre dentifrice.

Le *Marin* arrive sur la place publique avec une chevelure honnête et modérée; il installe une petite table devant laquelle il dresse une pancarte sur laquelle un artiste naïf a tracé son portrait. La foule se rassemble, et, quand il est sûr de produire son effet, il commence à débiter un boniment assez fade, l'accompagnant d'une démonstration corroborée par les portraits tracés sur sa pancarte, portraits au-dessous desquels on lit les mots : Avant. — Pendant. — Après.

Avant présente un crâne entièrement dépourvu de cheveux ; c'est le moment où lui, le *Marin*, ignorait les bienfaits de la toute-puissante pommade. *Pendant* représente le même industriel orné d'une chevelure comme vous et moi. Quant à la période désignée sous la rubrique *Après*, la chevelure de Bérénice elle-même est la seule qui puisse lui être comparée.

Arrivé à la partie de son discours qui correspond à la dernière période, le Marin retire son chapeau et, déroulant ses longues tresses de cheveux, qu'il a repliées artistement en un chignon caché par la coiffe, il joue de sa chevelure en praticien consommé. Après l'avoir fait onduler avec coquetterie devant le public, l'avoir tressée en nattes, en avoir fait une couronne, il révèle au public que le docteur Voltem, un des professeurs les plus distingués de l'Université de Liége, qui avait certaine affection pour lui, l'a mandé à son lit de mort, ne voulant pas enfouir avec lui dans la tombe un secret dont l'humanité tout entière pouvait bénéficier.

Comme un marin est toujours, pour le peuple, un être qui a vu de fabuleux pays, notre amateur spécule volontiers sur la crédulité de son auditoire. Il raconte les pays lointains, les forêts vierges, les monstres des jungles et les naufrages aux plages désertes ; et la foule l'écoute toujours avec recueillement.

Un jour, il stationnait devant la Morgue et venait de raconter comment il avait été mis en possession de sa précieuse pommade. Il avait béni la mémoire de ce docteur qui l'avait appelé à son lit de mort pour lui remettre le précieux baume, quand un des assistants sortit de la foule et demanda la parole.

Le docteur dont le *Marin* avait cité le nom était populaire à Bruxelles, où il était de notoriété publique qu'emporté par deux chevaux fougueux qui traînaient sa voiture, il était mort noyé. La mise en scène, le lit de mort, le don *in extremis*, étaient de pure invention. Le *Marin* perdit contenance, invoqua la similitude du nom et termina là sa séance.

Le *Marin*, au moment où j'écris, doit avoir quarante-cinq ans; sa constitution est robuste : il y aura donc encore de beaux jours pour les Parisiens, qui sont généralement atteints d'une calvitie précoce.

MADAME LECŒUR

D'après le croquis de Ch. Yriarte

MADAME LECŒUR

CABINET DE LECTURE DES CHIFFONNIERS

ADAME LECŒUR a eu des malheurs; son extérieur est placide et distingué, elle a conservé les allures d'une dame de compagnie qui revient de l'émigration; elle doit avoir aujourd'hui soixante-huit ans; sa mise est dé-

cente, elle parle, dans l'enfer où elle habite, une langue exempte de fantaisie et ne comprend pas l'argot de ses habitués. Après avoir connu des jours meilleurs, elle tient, sur ses vieux jours, un cabinet de lecture dans la villa des Chiffonniers (la cité Doré). Je devrais ouvrir une parenthèse pour vous parler de cette cité ; mais il faut choisir, la villa ou l'hôtesse.

Un matin qu'il faisait beau, mon *Paris inconnu* à la main, mon carnet bourré de notes prises dans Privat d'Anglemont, j'ouvre la portière d'un coupé en jetant au cocher cette adresse : « Barrière des Deux-Moulins, villa des Chiffonniers ! » Le cocher ne bronche pas et m'arrête, après une heure d'un trot consciencieux, devant une espèce de poterne étroite servant d'entrée à une longue ruelle de chaque côté de laquelle s'élèvent des maisons basses, piteusement peintes d'un jaune pâle.

Les habitants de la cité mettent la tête à la fenêtre. Ce sont des visages hâves, des figures pâles et souffreteuses. Une dizaine d'enfants déguenillés entourent la voiture en ouvrant de grands yeux, peu habitués qu'ils sont à voir d'autres véhicules que ceux qui contiennent les chiffons et sont traînés à bras par leur père ou leur mère.

La cité n'a qu'une rue, et, après avoir visité trois ou quatre de ces pauvres ménages de chiffonniers et fait un croquis d'ensemble de la villa, je trouve que Privat d'Anglemont a un peu poétisé la cité Doré, quand j'aperçois à une fenêtre, dont les carreaux cassés sont remplacés par des images, un étalage de bouquiniste et des journaux tachés.

J'entre... j'étais chez madame Lecœur. La bonne dame quitte son vieux fauteuil, vénérable monument, épave du mobilier de quelque antique douairière. Trois chats, compagnons assidus de la veuve, viennent se frotter le long des mes jambes, et messieurs les lecteurs abandonnent pour moi, l'un un *National* qui date de quinze ans, l'autre une feuille jaune qui n'a plus de nom dans aucune langue ; un troisième, debout, était probablement en train de proposer une réforme qui devait contribuer à l'extinction du paupérisme.

Madame Lecœur loue quelques vieux journaux à la séance, au prix modique de 1 centime les deux heures. Elle laisse aux ménages la faculté d'emporter les livres à domicile, et les ménages abusent de la faculté dans la plus large acception du mot. Elle m'a confié qu'un roman de Paul de Kock, auquel on avait arraché une trentaine de pages, continuait à circuler sans que personne songeât à se plaindre du peu de suite que M. de Kock a dans les idées.

La bibliothèque est légère, et les livres aussi : Dinocourt, Ducray-Duminil, Crébillon fils et les érotiques, Grécourt, Pigault-Lebrun sont les classiques de l'endroit. Les bonnes âmes y peuvent trouver aussi une pâture avec *Valmont ou l'Enfant égaré, Cœlina ou l'Enfant du mystère, la Chaumière indienne* en trois exemplaires différents. J'ai trouvé là une édition *princeps* de la *Nouvelle Héloïse*; mais ce J.-J. Rousseau n'a pas de succès à la villa, et madame Lecœur dit que ses habitués trouvent *Julie assommante.*

L'empereur est là sous toutes les formes :

son image est collée aux carreaux, son buste est dans un coin, et son histoire par M. de Norvins est l'un des livres les plus lus dans ce cabinet de lecture peu confortable. Je crois que c'est pour ce dernier ouvrage que madame Lecœur a dû faire les frais de son affiche au moins naïve : « Les lecteurs sont priés de ne pas emporter les livres. » — C'est exactement comme si on lisait chez un bijoutier : *Les visiteurs sont priés de ne pas prendre les montres.*

Madame Lecœur n'a pas bien compris ce que je venais faire chez elle ; et comme je copiais ardemment les titres de ses livres et compulsais tous les volumes, elle m'a dit que j'allais salir *mes belles mains qui étaient si propres.* (On n'est pas plus naïve.)

Madame Lecœur a cent francs de loyer. Je ne veux faire de peine à personne, mais la philanthropie est parfois un manteau qui couvre de bien vilaines choses, et ce manteau n'est pas toujours bleu.

Le jour où j'ai rendu visite à la bonne femme, elle avait trouvé à manger, mais n'avait pas prisé depuis trois jours. Je ne suis pas philanthrope, mais je vous assure que mes cigares m'auraient semblé mauvais pendant quinze jours si j'avais laissé sa tabatière vide.

LE MARCHAND DE PLUMEAUX

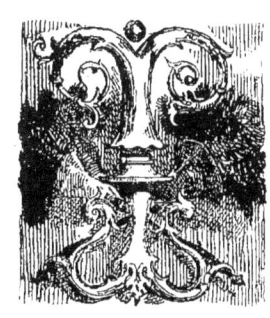L descend le matin des hauteurs de Charonne, lentement, comme un colimaçon, disparaissant tout entier sous son singulier harnachement. Il est presque impotent; ses jambes sont enveloppées de vieux chiffons de laine

retenus par des lanières naïvement entrelacées comme les cordons d'un cothurne.

Sur sa poitrine s'étalent, disposées à la façon des chlamydes, des cuillères à pot, artistement étagées, fixées par un piton. Des gobelets d'étain, des tire-bouchons, des vrilles, des instruments de formes bizarres, et jusqu'à des balais en chiendent forment, sur sa poitrine, le plus grotesque assemblage.

Sur le ventre, juste à l'endroit où le soldat au feu porte la cartouchière, M. *Plumet* (c'est ainsi qu'on le surnomme) attache une de ces salières en bois fumé où les ménagères mettent leur gros sel de cuisine. M. Plumet y enfouit son tabac, sa pipe (et quelle pipe!), son argent et sa *chique* (je ne suis qu'un historien) : je plains la cuisinière qui achètera cette cassolette !

Les plumeaux attachés à l'épaule forment éventail et se balancent à chaque pas que fait M. Plumet. La main gauche s'appuie sur des béquilles monumentales; la droite brandit un de ces balais d'une exécution naïve qui servent à épousseter les panneaux.

L'aspect que présente M. Plumet, vu de dos,

je renonce à le décrire. Vous connaissez ces éventails *à côtelettes* formés de palettes d'un bois léger réunies entre elles par un lien d'osier et dont on se sert pour activer la combustion du charbon, notre type les fixe sur une chape qui s'attache à l'épaule ; ils s'arrondissent autour de sa tête, coiffée d'un chapeau (Est-ce bien encore un chapeau?). Des balais de toute dimension, de toutes formes et de tout usage complètent le harnachement.

Voilà pour le physique ; le moral est ténébreux. Mais outre que la voix est rauque et sourde, presque insaisissable, elle s'annihile complétement au troisième *canon*, et le jour où j'ai voulu délier la langue de M. Plumet, il était au dixième. Ce nom de *Plumet* serait-il un symbole ?

LE MARCHAND DE PAIN D'ÉPICE

D'après nature.

LE MARCHAND DE PAIN D'ÉPICES

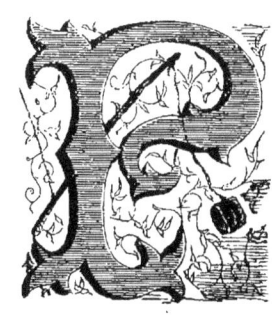ARMI les nombreux marchands étalagistes, celui-ci mérite d'être particulièrement cité par son originalité et la singulière réclame qu'il avait imaginée. C'était un brave homme de marchand, toujours gai, riant et chantant,

un de ces visages heureux qui révèlent une conscience calme. J'ai dit c'était, car depuis quelques années je ne le revois plus; il hantait les quartiers de la Montagne-Sainte-Geneviève, la place Maubert et le quai des Écoles et est resté fidèle à ces parages. Parfois encore, à l'époque des fêtes nationales (ce fut en Juillet, puis Juillet passa comme toute chose en ce monde, et la France fut débaptisée : elle s'appela Marie, et on lui souhaita sa fête au mois d'août), notre marchand transportait sa boutique au carré Marigny, ce paradis des bateleurs aujourd'hui disparu.

Il installait une table proprement recouverte de serviettes et empilait avec symétrie ces pavés de pain d'épices si chers aux Bruxellois. Pour ne pas froisser complétement le sentiment national, il avait bien par-ci par-là quelques *bonshommes* d'origine française, mais constatons que le pavé dominait. Sa table était haute sur ses pieds, et il était lui-même juché sur un escabeau, afin de dominer la foule, qu'il comptait bien attirer autour de sa boutique.

Un marchand qui dispose sur sa table des carrés de pain d'épices de toute forme, cela n'a rien de bien imprévu ; mais quand le même industriel s'arme d'une espèce de canne à pêche et suspend à l'extrémité du fil un morceau de pain d'épices d'une grosseur raisonnable qu'il fait se balancer dans les airs, les populations commencent à s'émouvoir. Or, la population des places, ce sont les voyous, et les voyous accouraient autour du marchand et se bousculaient à qui mieux mieux pour s'emparer du butin. La foule commençait à stationner autour de notre homme, qui sentait le besoin de réglementer le désordre. Il disposait donc les gourmands sur une file, et, dérobant le pain d'épices à leurs atteintes, tenait à peu près ce langage :

« Je ne suis pas venu sur cette place pour
» nourrir les *feignants* et les propres à rien ;
» je veux bien, il est vrai, fournir à la con-
» sommation de tout un chacun de petite
» taille, mais jamais je ne rincerai la gueule
» à quiconque ne déploiera pas de l'adresse et

» de l'astuce. Attention, les rupins! ouvrons
» l'œil au programme!

» Mômes, aztecs, gosses, la langue seule est
» appelée à jouer un rôle dans cet exercice, —
» les bras font le mort, — une tenue distinguée
» est de rigueur, — les grimaces sont tolérées,
» mais toute infraction à l'ordonnance sera
» sévèrement réprimée — (la punition est une
» surprise que je vous réserve). — Soyons de
» mœurs douces et surtout jamais de mains,
» même quand on aurait l'excuse de vouloir
» fourrer ses doigts dans son nez. — En avant
» la musique ! »

Déjà le pavé de pain d'épices se balance dans
l'air, il s'élève, il redescend, effleure les lèvres
d'un gamin qui croit le saisir tandis qu'il frise
déjà le nez d'un autre ; les têtes se renversent,
les mains s'agitent, et un moutard, qui n'y
résiste pas, s'élance sur l'appât; le marchand
retourne la canne et lui administre un coup
de gaule sur les doigts : « Ça ne compte pas,
crie le bonhomme, recommençons cela. »

Et ce sont des contorsions, des grimaces, des

rires de la foule, des disputes entre moutards qui finissent par se colleter et rouler sur le pavé; mais le marchand, avec son air paterne et sa bonne face, domine le tumulte, rétablit l'équilibre entre vainqueurs et vaincus. La gaule joue un grand rôle, mais le pacificateur a des baumes pour les blessures; quand il voit que la foule est compacte et qu'elle est bien disposée, il détache son pavé et fait la curée; il pousse même la libéralité jusqu'à couper un autre morceau en autant de parts qu'il y a de gamins et les leur distribue.

Au tour de la foule, maintenant; c'est là que je reconnais la vérité de l'axiome de Pradier le bâtonniste : « Tant que je donne, ils prennent : *la pique, — les douze anneaux, — les six principes pour mettre l'argent dans sa poche,* — le grand jeu ne leur fait pas peur.— Quand je dis : *Du courage à la poche!* et que j'avance ma sébile. — Bonsoir ! » Eh bien! oui, bonsoir, c'est le mot d'ordre après cette parade ingénieuse et amusante. Il faut bien avouer que le marchand de pain d'épices n'est pas très-satisfait de son commerce. Il est vrai qu'il se donne le plaisir de faire des largesses au peuple.

Peut-être le marchand de pain d'épices a-t-il renoncé à cette industrie ruineuse, car je ne le vois plus exercer sur les places qu'il aimait cette industrie qu'il avait su rendre pittoresque, grâce à sa seule imagination.

Ce marchand de pain d'épices est assez populaire, quoiqu'il disparaisse pendant des années tout entières. Il méritait une vignette.

L'HOMME AU PAVÉ

D'après nature.

L'HOMME AU PAVÉ

Et artiste en est à sa troisième manière, et la première était la bonne. Il stationnait volontiers, lors de ses débuts, devant la grille du Luxembourg qui regarde l'Observatoire; on sait que ce coin de Paris est le paradis des

saltimbanques, et que la statue du maréchal Ney, depuis le jour où elle s'éleva près de la porte de la Closerie des Lilas, a vu passer toute la cour des Miracles.

Gustave Doré a immortalisé l'*Homme au pavé* par une magnifique lithographie; le journal *l'Illustration* et le *Journal amusant* lui ont consacré des dessins et des articles, et tous ceux qui se sont occupés avant moi de ces bateleurs célèbres n'ont eu garde d'oublier un aussi rare sujet.

Doué d'une voix d'une sonorité et d'un volume invraisemblables, l'*Homme au pavé*, dès qu'il a installé son chétif appareil sur la place qu'il choisit pour son théâtre, hurle un récitatif ou un couplet à la mode avec une telle force que le promeneur du Luxembourg perdu dans les massifs les plus épais et les plus éloignés lève forcément la tête.

Son costume est sordide : un maillot jadis couleur chair, aujourd'hui d'un ton douteux; un caleçon étoilé dont les paillettes sont décousues. Le maillot monte jusqu'au cou et laisse voir un tronc noueux d'un haut relief. La taille est très-élevée, le dos est un peu voûté, l'anatomie compromise et l'économie générale du bonhomme mal répartie : les biceps sont trop développés et les jambes sont maigres; l'estomac est saillant et les pectoraux ne sont pas à leur place. Enfin, pour rendre ma pensée par une expression empruntée à la langue des ateliers, le sauvage n'est pas *d'ensemble*.

Quant à la tête, elle est ravagée ; le modelé est négatif, la face ne présente que des cavités, le crâne est très-allongé, et comme les cheveux collés sur le crâne sont très-longs, le sauvage les retient par un ruban rouge, ce qui donne un singulier caractère à la physionomie et complète le costume. Le masque de l'*Homme au pavé* rappelle le masque du Faune antique, mais le Faune interprété par Daumier, un sacripant de Sylvain qui s'est attardé sous les tonnelles.

Les exercices du sauvage sont variés : ils consistent à enlever, à l'aide d'un mouchoir dont les deux extrémités sont serrées entre les dents, un pavé qui doit peser au moins trente livres. Après cette opération, le pavé, balancé avec force, est rejeté vigoureusement par-dessus l'épaule. Cet exercice a valu à notre industriel le nom sous lequel nous le désignons.

L'exercice du pavé s'est perfectionné de jour en jour; après l'avoir enlevé à la force des dents, l'acrobate imagina de le placer sur une table, de la surmonter d'une chaise, et, là, d'opérer ses dislocations. La tête, complétement retournée en arrière, arrivait à baiser la terre; puis, de plus fort en plus fort, il finissait par saisir avec les dents le mouchoir dans lequel était noué le pavé. Par un effort qui surprenait la foule, il se soulevait graduellement et reprenait son équilibre. Tout cela pour la somme de cinquante centimes, dix sous jetés un à un, péniblement sortis de la poche des assistants, sans conviction, sans enthousiasme.

Vers la fin de cette exhibition, la séance se compliquait d'un singulier exercice, qu'aurait dû interdire le préfet de police le moins ami de l'humanité.

Le sauvage, afin d'éblouir ses spectateurs par

un dernier coup d'audace, plaçait symétriquement sur le sol quatre bouteilles et faisait reposer les quatre pieds de sa table sur ce frêle édifice : c'était la pointe de piment nécessaire à toute foule blasée.

La table vacillait, le sable criait sous les bouteilles, le sauvage déployait un luxe de précautions qui faisaient grimacer son masque de satyre; il se dressait enfin en équilibre sur ce château branlant, et vociférait à la grande joie de la foule.

L'*Homme au pavé* n'est pas *fort en gueule*, ses boniments sont assez fades, ils se résument en un dialogue entre lui et l'être ténébreux qu'il appelle sa femme; mais il vivra par le côté plastique. C'est un hercule épileptique, un géant grotesque ; son Olympe est un cabaret, et son trône une table branlante.

Le jour où la place de l'Observatoire sera veuve de ses chants extravagants, elle aura perdu l'un de ses plus beaux ornements; mais il y fait encore pendant à l'*Homme au lièvre*, devenu l'*Homme aux souris*, malgré les alignements, les nouveaux tracés, les expropriations et les squares, qui dépossèdent chaque jour un de nos héros ou assignent à ses ébats des limites restreintes.

L'HOMME AU LIÈVRE

D'après nature.

L'HOMME AU LIÈVRE

Ui pouvait prévoir qu'à peine commencée, cette étude humoristique sur les derniers excentriques de la capitale allait s'élever tout d'un coup à la hauteur d'une page d'histoire contemporaine? J'ai dit histoire, et le fait n'est que trop vrai : *Jean est mort!*

Il est mort victime d'un mal étrange, une de ces affections qui n'ont de nom dans aucune langue ; son œil s'alanguissait, ses forces l'abandonnaient chaque jour de plus en plus ; les carottes les plus fraîches, les laitues nouvelles, le lait le plus pur ne pouvaient exciter son envie : l'âme était atteinte et les sources de la vie étaient taries. Un matin, à l'heure où son maître quittait son grabat, s'armait de son tambour de basque et s'apprêtait à passer au collier la chaîne qui retenait le doux animal, il n'a plus trouvé qu'un cadavre. Les membres étaient encore tordus par les convulsions d'une agonie qui avait dû être horrible. Les grandes douleurs sont muettes, et je n'essaie pas de décrire le sombre chagrin qui s'est emparé du maître de *Jean*.

Jean était aussi rempli de modestie que de talent ; il savait au fond de sa conscience de lièvre que pas un de ses semblables ne pouvait battre du tambour ; il était inimitable dans l'exercice à feu, et jamais, depuis Munito, aucun animal n'avait su distinguer avec plus de lucidité un as de pique d'un as de trèfle ; jamais on ne l'a vu affecter avec les animaux savants, ses confrères, ces airs de hauteur auxquels se laissent aller quelques hommes bien moins savants que lui.

Maintenant que j'ai payé mon tribut à la mémoire de celui qui fit, pendant sa longue carrière de lièvre, l'admiration de toutes les bonnes d'enfants et des roses marmots du quartier de l'Observatoire, je vais vous parler de son maître. Si j'ai commencé par *Jean*, c'est qu'en mon âme et conscience je trouve qu'il méritait mieux que son cornac les honneurs d'une biographie.

Longez cette grande avenue du jardin du Luxembourg qui aboutit au carrefour de l'Observatoire, et arrêtez-vous, vers deux heures de l'après-midi, entre la rue de l'Ouest et la porte d'entrée du jardin. A votre gauche, un cercle de spectateurs, dont l'attention est sollicitée par l'accent martial de la trompette, entoure un grand gaillard à moitié nu qui se livre à des désarticulations qui font frémir le public. C'est l'*Homme au pavé*. Passons et regardons à notre droite. Un cercle tout aussi nombreux et tout aussi choisi se forme autour d'un autre industriel plus modeste dans sa réclame et moins bruyant que son voisin : c'est l'*Homme au lièvre*, celui qui a consacré son existence à l'éducation de ce pauvre *Jean*.

La tête est féroce, la barbe dure et hérissée, les cheveux sont longs et touffus ; la singulière coiffure adoptée par notre excentrique lui donne assez l'aspect d'un Mougick.

Il faut noter ici un curieux épisode de la vie de l'*Homme au lièvre*. Il débuta dans sa carrière pittoresque comme Carter, Huguet de Massilia, Charles, Hermann et Crockett. Il avait à grands frais monté une ménagerie qui n'offrait pas ce luxe de bêtes féroces auquel on nous a habitués dans ces derniers temps, mais qui présentait du moins au public un spécimen d'animaux assez rares et qui joignaient à ce privilége celui d'être plus forts à l'*écarté* que vous et moi, et bien d'autres talents de société qui eussent fait honneur au premier homme venu.

Or, un jour, notre homme voulut exiger d'une hémione je ne sais quelle bassesse vis-à-vis du public; l'hémione résista, le cornac lui administra une correction, parce qu'il faut que force reste à la loi. L'animal persista, protesta, et mordit avec tant de violence celui qui devait un jour dompter la poltronnerie des lièvres, qu'il resta sur le carreau.

Grand désarroi dans la ménagerie; les bêtes, si féroces qu'elles soient, ne sont pas plus raisonnables que les hommes, et dès qu'elles virent que la rébellion triomphait, elles se mirent lâchement du parti de la rébellion.

Cependant, que font les acolytes du pauvre diable? ils s'élancent d'un commun accord dans la voiture ambulante, pillent la caisse, volent les hardes et disparaissent.

J'avoue que cette caisse m'a toujours paru bien hypothétique, mais sans la foi, adieu l'histoire.

Sans ressources, sans crédit, il fallut vendre la ménagerie. On viendrait vous offrir un joli kanguroo, un ours de Bornéo ou un petit éléphant dans les prix doux, vous y regarderiez à deux fois; vous comprendrez donc que le dompteur fut ruiné.

La rapidité dans la décision est le cachet des grandes âmes; Gérôme avait une face à exploiter, il se fit modèle et commença sa carrière dans les ateliers de la rue de l'Ouest. Tour à tour saint Pierre, saint Paul ou saint Barnabé, il a quitté à l'âge où il allait devenir un magnifique saint Gérôme; mais les peintres adonnés aux sujets religieux devaient absolument répandre sur cette rude face des *torrents de grâce*, car jamais physionomie ne fut moins prédisposée à l'extase et au ravissement.

Parcourez les églises de campagne, celles pour lesquelles les peintres condamnés à la religion dans les prix doux peignent ces martyrs entourés de grils, de chevalets, de glaives et de roues, Gérôme est toujours le héros de la fête.

Un jour, en lisant l'art d'élever les lapins et de s'en faire trois mille livres de rentes, Gérôme, qui n'est pas un routinier et qui boit dans son verre (son verre est trop grand), s'est posé cette question : « Quel superbe avenir attendrait celui qui parviendrait à apprivoiser un lièvre, c'est-à-dire un sauvage habitant des forêts, ce songeur qui rêve en son gîte? La sagesse des nations a dit : Peureux comme un lièvre. Eh bien! moi, Gérôme, je veux avant six mois que ce type de couardise, ce trembleur exagéré, ce niais alarmiste respire avec volupté l'odeur de la poudre. » Et six mois après, *Jean*, qu'on avait pris au collet dans une des forêts des environs de Paris, attirait la foule par un roulement bien senti sur le tambour de basque. Exagérant le sentiment de sa nationalité, confondant l'anglophobie avec le patriotisme, il refusait de battre au champ pour l'Angleterre et roulait à pleines pattes pour la France et le grand Empereur. Le nom d'Hudson Lowe lui faisait dresser les oreilles, et quand son maître, par un crescendo plein de science, passait des exercices de cartes au maniement des armes à feu, c'était encore au commandement de *feu pour sir Hudson* qu'il pressait voluptueusement la détente.

Gérôme a vu ses efforts couronnés de succès : la fortune n'est pas venue le payer de tant d'efforts, sans doute; mais connaissez-vous au coin d'une rue ces caisses d'épargne à barreaux de fer peintes en rouge? la vigne y serpente avec la grappe noire comme en un automne éternel, invitant le passant à venir s'asseoir sous leur ombre. C'est dans ce modeste asile que, passant de l'exercice des armes de précision à celui du *canon*, Gérôme confiait à des mains étrangères le produit de ses journées.

Si la fortune fut ingrate, la gloire lui a souri. Les troupiers du Luxembourg, les nourrices et les enfants du quartier sont ses spectateurs assidus; parfois un étudiant vient se mêler au groupe, un savant du bureau des longitudes vient jeter un regard distrait sur ce pauvre *Jean*; les médecins du Val-de-Grâce et les artistes quittant leurs ateliers se garderaient de passer sans payer leur tribut d'admiration. Mais *Jean* n'est plus, et il est probable qu'à partir de ce jour ce sont les palmes du martyre qui vont couronner l'existence de Gérôme. Je ne lui donne pas quinze jours pour revêtir l'étole et occuper le centre de la toile dans quelque décollation ou dans une de ces grandes *machines* religieuses qui sont toujours pieusement reléguées dans les salles d'exposition du fond (salles que le public évite, du reste, avec un soin plus pieux encore). . .

. . . .

Le lièvre mort, Gérôme hésita quelque temps à choisir une carrière. Il se promenait un jour en rêvant du côté de l'esplanade des Invalides, il y rencontra un jeune littérateur qui a le culte des saltimbanques, des débitants de serpents mal portants et des bateleurs de toute sorte. M. Pierre Véron s'était souvent intéressé à Gérôme ; il reçut ses confidences et entendit le vœu qu'il exprimait : « Si j'avais seulement un petit capital, je sais bien ce que je ferais. — Qu'appelez-vous avoir des capitaux ? demanda l'auteur du roman de *la Femme à barbe*. — Oh! monsieur, si j'avais seulement la chance d'avoir cent sous! — Et que feriez-vous de cent sous ? — J'achèterais une boîte de sardines, et j'irais dans les chantiers du Gros-Caillou vendre ma marchandise aux maçons ; une boîte de un franc cinquante centimes me rapporterait cinquante sous, au bout de quinze jours j'aurais vingt francs à moi. »

Cette industrie parut vague et hypothétique

au rédacteur du *Charivari*, qui, pouvant faire le bonheur d'un homme pour cent sous, avança le capital demandé.

Mais quand Gérôme se vit à la tête du capital qu'il ambitionnait, il oublia sa spéculation et courut placer son argent à cette caisse d'épargne dont j'ai parlé plus haut.

Un an après, nous le retrouvons à cette même place de l'Observatoire, se vouant à l'éducation d'une jolie nichée de souris blanches. C'est sa quatrième incarnation.

Il se tient, comme du vivant du pauvre *Jean*, à l'entrée du Luxembourg, et son bagage est encore plus mince qu'autrefois. Le tambour de basque est muet et les armes à feu sont suspendues au-dessus du misérable grabat qu'occupe Gérôme dans une maison borgne de la rue Croix-Nivert, à Grenelle.

Les souris blanches se cachent dans ses manches, dans ses poches et jusque dans sa poitrine; au signal que leur donne le maître, on les voit quitter leur cachette, grimper le long de ses bras, l'enlacer, lui faire un collier en jetant de petits cris plaintifs. Un fait m'a frappé dans les exercices de ces rongeurs : Gérôme, qui n'a pas une notion très-exacte de la vie de Mahomet, a pourtant renouvelé le « puisque la montagne ne veut pas venir au prophète, le prophète ira à la montagne. » Il ordonne à l'une de ses souris de grimper au haut d'un bâton qu'il tient à la main, et quand la souris ne se sent pas disposée à obtempérer à cet ordre arbitraire, Gérôme regarde la foule et s'écrie : « Tu refuses de grimper, eh bien ! je vais te mettre sur le sommet du bâton. » Et la foule ne bronche pas et trouve cet exercice étonnant.

La foule est tout aussi grande autour de l'ancien modèle qu'au beau temps du lièvre savant, mais les exercices sont moins variés. Les patriotes en retraite regrettent le : « *Feu pour sir Hudson Lowe!* et *Feu pour la France!* » Quant à Gérôme, il regrette le pauvre *Jean*, il en parle souvent avec attendrissement, et continue à noyer son chagrin dans les breuvages les moins délicats.

ISABELLE LA BOUQUETIÈRE

D'après la photographie de Carjat.

ISABELLE

LA BOUQUETIÈRE DU JOCKEY-CLUB.

I l'illustre Mangin est l'idole des titis, Isabelle est la coqueluche des élégants.

Ce type gracieux doit être complétement ignoré du *pâle voyou* qui possède à fond tous les autres portraits de cette galerie, tandis qu'il n'est pas un habitué du boulevard des Italiens qui ne connaisse Isabelle et ne lui sourie au passage.

Isabelle est une célébrité, elle a eu ses historiographes. Eugène Chapus lui a consacré une étude spirituelle dans son journal le *Sport*; Paul de Saint-Victor, le fin coloriste, et Nestor Roqueplan, habile à lancer le trait, ont tracé sa silhouette à la plume.

La bouquetière du Jockey retarde d'un siècle; elle est une anomalie par ce temps de macadam et de coupés. Elle devait naître à Marly-le-Roi, à Mareille ou à Orgeval, porter la jupe de calemande, la gorgerette et la croix à la Jeannette, se tenir à la grille du château, offrant ses violettes aux portières des carrosses. L'abbé de Pouponville en belle humeur lui aurait pris le menton en lui disant : « Friponne, vous êtes adorable, » et le chevalier de Pimparé, en lui achetant un bouquet d'un écu, lui eût dérobé un baiser d'un louis.

Comme la Pompadour avait dit un jour à la Signoret : « Ton plaisir est fort bon, » elle eût fait arrêter sa chaise pour dire à Isabelle : « Ta violette embaume. » A partir de ce moment, elle fût devenue la merveille du jour et quelque fermier général, un Bouret ou un Mondor lui eût offert un carrosse, des chevaux et une petite maison dans le faubourg ; puis, pour faire damner la Popelinière, le financier donnait à son idole une terre ornée d'un joli nom. La bouquetière devenait mademoiselle de Belle-Feuille ou de Bois-Joli ; elle avait des gens, on lui faisait des mots ; Tronchin venait chez elle jouer au pharaon, Moreau lui dessinait des armoiries : des violettes pour Isabelle et des besants d'or pour le financier.

La poudre à la maréchale, les bains de lait, le rouge minéral, le bleu de veine et le vinaigre de Maille ; Persac, Abricotine et Cochina, avec leurs dentelles et leurs rubans, Lorry, avec ses tresses et ses aigrettes, auraient aisément fait le reste, et comme le siècle, « tout couvert d'amidon, » ne brillait pas par la mémoire, madame la marquise de Belle-Feuille ne se serait jamais souvenue d'Isabelle la bouquetière, même le jour où, descendant de son carrosse à l'entrée de l'Opéra, le soir de la première représentation des *Indes galantes*, du sieur Fuzelier, elle eût été arrêtée par une mignonne lui offrant des violettes.

La biographie d'Isabelle n'offre aucune de ces dangereuses péripéties. Elle est née au milieu des fleurs; la rose qu'elle offre aux jolis messieurs du Jockey est un symbole, car son père était fleuriste. Nous l'avons tous vue, pour la première fois, au perron de Tortoni et à l'entrée particulière des cabinets de société de Bignon ; elle avait alors seize ans. C'était une de ces grandes gamines très-fraîches, assez mal attifées, dont les paysans disent : « Le beau brin de fille ! » elle avait les mains rouges et l'œil un peu impudent. Sa vue faisait monter la rougeur de la lubricité au front des vieillards, qui sortaient rarement sans accepter le bouton de rose qu'elle leur présentait, et donnaient en échange une pièce blanche dont jamais ils ne demandaient la monnaie.

Isabelle, en bouquetière qui sait son monde, offre ses roses sans leur assigner de prix ; il faudrait changer un louis pour payer. Cette confiance rapporte, bon an, mal an, d'assez jolis bénéfices. C'est peut-être le moment de dire qu'elle thésaurise, mais j'ai quelques raisons de croire qu'elle soutient sa famille ; elle se dirige souvent vers les hauteurs de Chaillot. Il doit y avoir quelque part une vieille mère dont elle est la providence ; son sourire doit éclairer la mansarde où elle ne fait qu'apparaître. Elle vit beaucoup la nuit, et cela fatalement, car il faut bien qu'elle se présente vive, éveillée et fraîche aux pâles joueurs qui laissent à des heures crépusculaires les tables de whist et de bouillotte.

Un jour, sans qu'on y prît garde, les mains d'Isabelle devinrent un peu plus blanches, la taille s'arrondit, la jupe s'allongea, les cheveux prirent un lustre qui leur était inconnu. Elle entendit parler du *Jockey*. C'était le moment où les membres du *Cercle de l'Union* abandonnaient le coin du boulevard et de la rue de Grammont pour leur somptueux hôtel du boulevard de la Madeleine. Les membres du Jockey-Club vinrent s'installer à leur place. Isabelle, qui, du perron de Tortoni, voyait, bien avant dans la nuit, briller les lampes à travers les épais rideaux de velours, prit l'habitude de stationner à la porte ou s'arrêtaient les brillants équipages. Les plus jeunes parmi les membres du cercle la protégèrent et s'habituèrent à la voir chaque jour à la même place.

Un jour de course, à l'heure où les voitures à noms bizarres, attelés à quatre chevaux et couvertes de poussière, ramenaient les sportmen, le duc de M... lui demanda pourquoi on ne l'avait pas vue à la tribune du Jockey : c'était une révélation, et Isabelle avait trouvé sa voie. Aidée des conseils de quelques jeunes élégants, elle se tailla une toilette qui procédait tout à la fois de l'amazone et de la vivandière, et, au steeple-chase suivant, elle fit son apparition sur le turf.

Elle y fut accueillie avec enthousiasme ; elle se familiarisa bientôt avec le nom des plus célèbres sportmen. Douée d'un certain instinct et habituée au bagou des turfistes, elle appela de leurs vilains noms anglais les hommes et les choses du monde hippique : elle était lancée.

Isabelle se rendait sur le champ de course avec

son panier de fleurs, ses ciseaux de bouquetière suspendus à la taille par une longue chaîne d'acier, sa bourse en bandoulière, la jupe relevée par des tirets, le corsage à basques orné de boutons d'acier et coiffée d'un petit chapeau dont elle varie la forme suivant la mode ; bottines de chasse en cuir noir, le tout élégant et soigné.

Aujourd'hui, elle porte les couleurs du vainqueur du prix du Derby et elle inscrit sur le ruban de son chapeau le nom du cheval gagnant.

Le *Jockey,* dont elle était la créature, l'avait décidément prise sous son patronage ; on s'inquiéta de son costume, on lui fit des mots, on parla d'elle, elle fut tout un jour la lionne de ces lions et devint indispensable comme le baron de la Rochette ou M. de Greffulhe. Elle pariait pour *the Ranger, La-Toucques* ou *Seampson,* mettait à la poule des paris un louis qui lui rapportait toujours cent francs et passait de Chantilly à Longchamp, de Longchamp à Vincennes, de Vincennes à Fontainebleau. C'est à ce dernier hippodrome qu'elle fut présentée un jour à l'Empereur, à l'Impératrice et au jeune Prince. L'Empereur porta pendant quelques heures à sa boutonnière la rose que lui avait offerte Isabelle, et la grande force de la jeune fille fut de ne point se laisser enivrer par ces succès.

Un jour, on lui mit en tête d'aller aux courses d'Epsom ; elle assista au Derby et revint enchantée des gentlemen, qui pourtant n'avaient pas vidé son panier de roses.

Désormais, elle était bien et dûment du Jockey, aussi suivait-elle partout les élégants qui hantaient ce cercle aristocratique. On la trouvait sous le péristyle de l'Opéra, et, les jours de bal masqué, la tête couverte d'une capeline rouge qui lui seyait à ravir, elle restait à la porte de la salle des Pas-Perdus, attendant la sortie des membres de l'ex-loge infernale.

Elle appelait M. le duc de C... Eugène, et le marquis de R... Édouard ; comme sa clientèle était trop nombreuse, on ne lui prêta pas le plus petit amant.

Un jour, séduite peut-être par le luxe que

quelques actrices mal famées déploient les jours de course, elle rêva de brillants débuts, et, grâce à quelques amitiés imprudentes, obtint de faire partie de ces représentations instituées à Latour-d'Auvergne et à la Salle-Lyrique dans le but de se préparer au jeu plus sérieux des grandes scènes. Je dois dire, en consciencieux historien, que si les princes de la critique furent indulgents pour son faible talent, elle brilla moins là qu'à la porte du Jockey ; ces tentatives se reproduisirent pourtant souvent, et chaque fois quelque journaliste faisait d'elle un éloge indulgent. Malgré ces essais de théâtre, je crois qu'Isabelle ne renoncera pas à sa profession de bouquetière. Comédienne, elle devient une des trop nombreuses baladines sans talent qui ne sont pas poussées par la vocation et se font de la scène un marchepied.

Isabelle pouvait faire une fortune et devenir une célébrité de la rue dont le souvenir fût devenu légendaire. Au lieu de se vouer au turf, elle devait commettre l'anachronisme de s'habiller en bouquetière Louis XV ; au milieu de nos tristes habits noirs, elle eût été la gaieté, le charme, le plaisir de nos yeux.

Elle a arboré, depuis quelque temps, un costume écossais qui lui sied bien, et elle est en train de faire école, car on voit à la porte du café Anglais et dans les bals d'été quelques jeunes filles qui essayent de copier sa mise et son ton.

Un journal de Bade a annoncé, en juillet 1863, qu'Isabelle, à son arrivée au nouvel hippodrome, a rencontré une rivale offrant des fleurs après chaque course au propriétaire du cheval vainqueur. Cette rivale est, dit-on, d'une beauté remarquable; elle a débuté à Vichy, où elle a eu du succès auprès des buveurs d'eau. Elle a résolu désormais de *faire les Eaux* chaque année.

Cette nouvelle bouquetière a profité du conseil que je donnais à Isabelle ; elle porte un petit costume avec corsage de soie rose et jupes de tulle blanc.

Si vous saviez, oh ! femmes ! quel charme la pointe de carmin ajoute à votre toilette !

Mais c'est égal, je reste fidèle à Isabelle,

quoiqu'elle m'ait tenu rigueur, malgré mes vues désintéressées, me forçant à la dessiner en plein vent, soit à l'Opéra, soit aux courses, soit à l'entrée du Jockey.

Isabelle *for ever* !

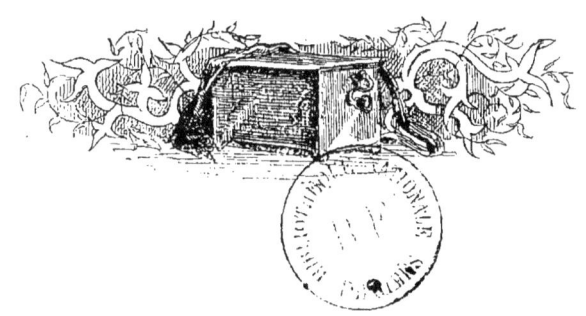

TABLE DES MATIÈRES

	Pages
Les Célébrités de la rue.	1
Fanchon la vielleuse.	7
La Belle Madeleine.	13
La Chanteuse voilée.	19
Claudine.	25
Solsirépifpan.	29
Chodruc-Duclos.	33
M. de Saint-Cricq.	63
Le Mapah.	85
Miette.	125
Carnevale.	137
Jean Journet.	151
Léonard de la Tuilerie.	177
L'Arménien de la Bibliothèque.	199
Le Persan.	209
Le Marchand de vulnéraire suisse.	221
L'Homme-orchestre.	225

TABLE DES MATIÈRES

Liard	243
L'Homme à la vielle	249
Le Berger en chambre	257
Pradier le bâtonniste	263
Tripoli, fils de la Gloire	271
Mangin	277
L'Anti-Mangin (Claude Cote)	293
La Vieille au bouquet	299
Le Professeur d'italien	305
L'Homme sans chapeau	311
Le Marin	315
Madame Lecœur	321
Le Marchand de plumeaux	327
Le Marchand de pain d'épices	331
L'Homme au pavé	337
L'Homme au lièvre	343
Isabelle	355

FIN DE LA TABLE.

Paris. — Imprimerie Dupray de la Mahérie, boulevart Bonne-Nouvelle.
(Impasse des Filles-Dieu, 5.) — 1258